"十四五"职业教育国家规划教材

汽车保险与理赔
（第2版）

主 编 申荣卫 杨璐铨

北京理工大学出版社
BEIJING INSTITUTE OF TECHNOLOGY PRESS

内 容 简 介

本书根据汽车类专业教学标准及从事汽车职业的在岗人员对基础知识、基本技能和基本素质的需求，结合汽车专业人才培养的目的，重点讲解保险基础知识、汽车保险基础知识、汽车保险合同、汽车保险原则、汽车投保实务、汽车保险承保实务、汽车保险现场的查勘与定损、汽车保险理赔实务等内容。

全书讲解清晰、简练，配有大量的图片，明了直观。本书按照汽车保险作业项目的实际过程，结合目前职业院校流行的模块化教学的实际需求，理论联系实际，重视理论，突出实操。

本书既可作为职业院校汽车专业教材，也可作为汽车售后服务站专业技术人员的培训教材。

版权专有　侵权必究

图书在版编目（CIP）数据

汽车保险与理赔 / 申荣卫，杨璐铨主编. -- 2版
. -- 北京：北京理工大学出版社，2019.11（2024.2重印）
ISBN 978 - 7 - 5682 - 7751 - 8

Ⅰ. ①汽… Ⅱ. ①申… ②杨… Ⅲ. ①汽车保险 - 理赔 - 中国 - 职业教育 - 教材 Ⅳ. ① F842.634

中国版本图书馆 CIP 数据核字（2019）第 239582 号

责任编辑：王俊洁　　　**文案编辑**：王俊洁
责任校对：周瑞红　　　**责任印制**：边心超

出版发行 / 北京理工大学出版社有限责任公司
社　　址 / 北京市丰台区四合庄路 6 号
邮　　编 / 100070
电　　话 /（010）68914026（教材售后服务热线）
　　　　　　（010）68944437（课件资源服务热线）
网　　址 / http://www.bitpress.com.cn

版 印 次 / 2024 年 2 月第 2 版第 5 次印刷
印　　刷 / 定州市新华印刷有限公司
开　　本 / 787 mm×1092 mm　1/16
印　　张 / 13
字　　数 / 282 千字
定　　价 / 45.00 元

图书出现印装质量问题，请拨打售后服务热线，负责调换

前言 PREFACE

党的二十大报告指出：我们要坚持教育优先发展、科技自立自强、人才引领驱动，加快建设教育强国、科技强国、人才强国，坚持为党育人、为国育才，全面提高人才自主培养质量。随着我国经济的快速发展，汽车保有量逐年增加，汽车保险与理赔的业务量也逐年增加。但汽车技术的日新月异及新的保险理念的不断出现，对汽车保险与理赔人员的要求也越来越高。

本书以汽车相关专业就业为导向，根据汽车行业专家对本专业所涵盖的岗位群进行任务和职业能力分析，遵循职业院校学生的认知规律，确定本教材的项目模块和课程内容；同时，它涵盖汽车后市场服务行业岗位所需的专业素养，具有汽车行业通识性。本书具有如下特色：

（1）情景化教学，凸显职业教育特色

本书重点围绕职业院校专业建设计划、企业需要、学生就业能力提升，从职业技能领域人才培养及评价模式出发，采用体验式工作理念，按汽车服务人员工作过程设计任务，以任务为驱动，以学生为主体，导入相关知识和技巧。同时，每个任务都充分利用实训环境进行情景式教学，旨在提升学习者汽车服务能力，反映汽车营销与服务专业典型岗位及岗位群职业能力要求，关注细节及精益求精的工匠精神。

（2）符合混合式课堂教学需要，注重资源的多层次和多元化

课程素材按照"最小学习素材、碎片化存储"的思路，力求丰富多样，符合学习者的个体差异。在汽车保险领域采用同类思路编写的教材并不多见，该教材的出版填补了空白。

PREFACE

（3）符合行业实际，内容"必需、够用"

教材内容以"必需、够用"为原则，实践部分易于联系实践，技能操作符合职业技能鉴定规范。具有行业针对性，符合汽车专业的学生的要求，并能涵盖汽车4S店和汽车保险相关主要岗位要求和规范。

本书共分为8个课题，包括保险基础知识、汽车保险基础知识、汽车保险合同、汽车保险原则、汽车投保实务、汽车保险承保实务、汽车保险现场的查勘与定损、汽车保险理赔实务等内容。

本书由天津职业技术师范大学申荣卫教授、天津市劳动经济学校杨璐铨老师担任主编。本书图文并茂、通俗易懂，既可作为职业院校汽车专业教材，也可作为汽车售后服务站专业技术人员的培训教材。

由于作者水平有限，书中可能会有疏漏和不妥之处，欢迎读者批评指止。

编　者

课程思政教学设计方案

"汽车保险与理赔"课程作为汽车服务类专业人才培养的重要环节,对学生的职业生涯规划、价值观念树立和职业发展等都有着潜移默化的影响。

教材对与"汽车保险与理赔"相关课程的思政元素进行了罗列,形成了"汽车保险与理赔"课程思政设计案例,希望教师能够将思政案例与实际教学内容结合,将"社会主义核心价值观、公平互利、诚信精神、创新精神"等落地、落实、落细于任务教学过程中,使学生通过"汽车保险与理赔"教学环节的学习,能够实现以知识为载体,树立正确的世界观、人生观、价值观,掌握解决问题的方法,达到育德、育智、育能的统一。

在任务实施过程中,建议教师通过言传身教,将社会主义核心价值观、法制观念、职业道德教育、价值取向、社会责任、敬业精神、友善情怀、诚信精神、工匠精神等潜移默化地融于教学和训练过程,实现润物无声的思政育人效果。

一、课程思政在学生职业能力方面的培养

结合课程内容,建议从以下方面加强学生职业素养的培养:

①培养学生对专业的了解与热爱,加强学生对专业发展、现状及方向的了解。

②培养学生沟通交流能力,使学生能够与客户良好地交流与沟通,能够向客户咨询车况,查询车辆技术档案,初步评定车辆状况,具有较强的口头与书面表达能力、人际沟通能力。

③培养学生协商、协调能力,使学生能够与客户进行协商,与客户建立良好、持久的关系;能够与各部门进行良好的协调,具有团队精神和协作精神。

④培养学生质量与安全意识,加强学生5S、7S管理的培养,使学生能够认识到安全无小事,增强安全观念。

⑤培养学生良好的职业道德和劳动能力,使学生能够按照保险与理赔流程处理遇到的案例。

⑥培养学生思维逻辑,使学生能够独立现场查勘与定损,正确选择设备进行检修。

⑦培养学生法治观念,使学生能遵守相关法律、技术规定,保证在保险理赔中做到诚信友善,又能处理好案情。

⑧培养学生的社会责任感,让学生从保险的意义、价值等方面理解社会和谐稳定的意义,为社会和谐作出贡献。

⑨培养学生自学能力,使学生能自主学习新知识、新技术;能通过各种媒体资源查找所需信息。

⑩培养学生吃苦耐劳、精益求精的工匠精神,能踏实工作、认真负责、严谨求实,不断积累维修经验,从个案中寻找共性。

二、课程思政内容及实施方法

结合课程内容，对课程思政的实施提出以下建议：

①结合社会主义核心价值观，讲述保险与理赔在构建和谐社会中的重要作用和意义，并让学生为建设和谐社会作出贡献。

②党的二十大报告中指出：坚持以人民为中心的发展思想。维护人民根本利益，增进民生福祉，不断实现发展为了人民、发展依靠人民、发展成果由人民共享，让现代化建设成果更多更公平惠及全体人民。作为汽车后市场人员，要以维护客户利益为工作重心，为客户推荐适合的保险，最大限度保护客户利益。

③结合从业要求，从世界观、人生观、价值观和处理遇到问题的方法、法律法规等方面加强教育，使学生能够树立正确的三观，立志做社会主义的建设者和接班人。

④从职业道德角度加强课程思政，让学生能够树立良好的职业道德，了解汽车保险与理赔人员在职业活动中应该遵循的行为准则，了解从业人员与服务对象、职业与职工、职业与职业之间的关系；做到爱岗敬业、诚实守信、办事公道、服务群众、奉献社会，并不断提高素质修养。

⑤结合案例讲述在保险和理赔中蕴含的哲学原理，形成良好的职业习惯，培养良好的职业道德。

⑥课程中结合中国传统文化内容，加强对学生的文化熏陶和教育，结合中国汽车工业中的典型人物、典型事迹等对学生加强教育。

三、课程思政教学设计

课题	思政内容	融入方法
保险基础知识	法治意识培养	通过合同等的讲解，引导学生认识法律具体形态，形成法治观念
汽车保险基础知识	树立"四个自信"	通过讲述中国汽车保险行业的发展，认识到中国近年来发生的巨大的变化，让学生树立"四个自信"
汽车保险合同	工匠精神培养	通过对合同条款的分析与理解，培养学生的工匠精神，在合同条款的设计、实施等过程中要做到精益求精
汽车保险原则	诚信意识培养	利用保险与理赔过程中的原则培养学生诚信意识
汽车投保实务	和谐社会的构建	通过投保实务的讲解，让学生理解投保过程、投保的意义对和谐社会构建的贡献
汽车保险承保实务	工匠精神培养	通过保险业务流程介绍，引申至岗位工作中的严格规范细致的工匠精神
汽车保险现场的查勘与定损	敬业精神培养	通过对岗位工作的分析，让学生知业、爱业、敬业
汽车保险理赔实务	社会主义核心价值观培养	通过保险理赔实务让学生理解保险理赔在构建社会主义和谐社会中的作用

目录 CONTENTS

课题一　保险基础知识 ………………………………………………… 1

　　任务一　风险概述 ………………………………………………………… 1
　　任务二　风险管理 ………………………………………………………… 7
　　任务三　保险概述 ………………………………………………………… 10

课题二　汽车保险基础知识 …………………………………………… 18

　　任务一　汽车保险的起源与发展 ………………………………………… 18
　　任务二　汽车保险概述 …………………………………………………… 21

课题三　汽车保险合同 ………………………………………………… 25

　　任务一　汽车保险合同概述 ……………………………………………… 25
　　任务二　汽车保险合同的主要内容 ……………………………………… 30
　　任务三　汽车保险合同订立 ……………………………………………… 34

课题四　汽车保险原则 ………………………………………………… 47

　　任务一　保险利益原则 …………………………………………………… 47
　　任务二　最大诚信原则 …………………………………………………… 50
　　任务三　近因原则 ………………………………………………………… 55
　　任务四　损失补偿原则 …………………………………………………… 58

课题五　汽车投保实务 ····· **65**
  任务一　汽车投保概述 ····· 65
  任务二　汽车保险险种概述 ····· 75
  任务三　汽车保险的组合方案 ····· 82

课题六　汽车保险承保实务 ····· **86**
  任务一　汽车保险的承保 ····· 86
  任务二　汽车保险的核保 ····· 92

课题七　汽车保险现场的查勘与定损 ····· **111**
  任务一　现场查勘概述 ····· 111
  任务二　汽车定损概述 ····· 122
  任务三　汽车构造易损件的定损方法 ····· 124
  任务四　汽车变形和破损痕迹鉴别 ····· 130
  任务五　汽车火灾事故的查勘与定损 ····· 133
  任务六　汽车水灾事故的查勘与定损 ····· 140

课题八　汽车保险理赔实务 ····· **146**
  任务一　汽车保险理赔概述 ····· 146
  任务二　汽车保险事故损失确定 ····· 151
  任务三　汽车保险赔款理算 ····· 158
  任务四　汽车保险索赔 ····· 168
  任务五　汽车保险的核赔 ····· 173

参考文献 ····· **180**

附　录 ····· **181**
  附录Ⅰ　机动车交通事故责任强制保险条款（2020版） ····· 181
  附录Ⅱ　机动车商业保险条款（2020版） ····· 185

课题一
保险基础知识

知识目标

1. 了解风险的含义、要素、特征及成本。
2. 了解风险的分类。
3. 掌握风险管理的方法。
4. 了解保险的基本概念。
5. 了解保险的职能和作用。

能力目标

1. 能够向客户介绍用车存在的风险。
2. 能够向客户介绍保险的作用。

任务一　风险概述

　　保险是一种风险管理的手段。保险与风险之间存在着内在的必然关系。风险的客观存在使保险经济得以产生、确立和发展。在学习汽车保险之前，我们首先要清楚风险是什么，什么样的风险可以向保险公司转嫁。

一、风险的含义

　　风险是指在特定的客观情况下，在特定的期间内，某种损失发生的不确定性。这种不确定性，包括损失发生与否不确定、发生的时间不确定、损失的程度不确定三层含义。
　　一般来说，人们通常将风险理解为自然灾害和意外事故。

理解风险的含义，需要注意下列两点：

第一，风险是一个与损失相关联的概念。
第二，风险与不确定性既有联系又有区别。

联系：风险表现为一种不确定性。
区别：风险是一种客观存在，而无论人们是否已经观察到；不确定是由个人的心理状态产生的，只有人们对某种事物加以注意时才有意识。

二、风险的要素

1. 风险因素

（1）物质风险因素

这是指增加某一标的风险事故发生机会或者加重损失严重程度的物质条件。

（2）道德风险因素

这是指与人的不正当社会行为相联系的一种无形的风险因素。

（3）心理风险因素

这是指由于人的主观上的疏忽或过失，导致增加风险事故发生的机会或加重损失程度的因素。

风险因素也可分为物质风险因素和人为风险因素两种。

2. 风险事故

风险事故又称风险事件，是指引起损失的直接或外在的原因，是使风险造成损失的可能性转化为现实性的媒介，如图 1-1 所示。

图 1-1 风险事故

3. 风险损失

风险损失可分为直接损失和间接损失两种，指非故意、非计划、非预期的经济价值减少的事实。

4. 风险因素、风险事故和风险损失的关系

风险因素、风险事故和风险损失三者之间存在着因果关系：风险因素引发风险事故，而风险事故导致风险损失，如图1-2所示。

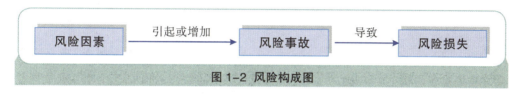

图1-2 风险构成图

值得注意的是，同一事件，在一定条件下是造成损失的直接原因，它是风险事故；而在其他条件下，则可能是造成损失的间接原因，于是它成为风险因素。

三、风险的特征

1. 风险存在的客观性

风险是客观存在的，人们只能在一定的时间和空间内改变风险发生的条件，以降低风险的发生率。风险是不可能彻底消除的。

由于风险存在客观性，人们应认识风险、管理风险，把风险造成的损失减少到最小。如可以通过改善交通环境，提高车辆技术性能和提高驾驶人员、行人的安全意识等来减少交通风险。

2. 风险存在的普遍性

风险无处不在，无处不有。风险伴随着人类的生活和生产活动，渗入社会、企业、个人生活中。

3. 总体风险发生的可测性

通过运用统计方法处理大量相互独立的偶发风险事故，可以比较准确地反映风险的规律性。根据以往的研究资料，利用概率论和数理统计的方法可测算出风险事故发生的概率及损失幅度。在汽车保险中，可以根据大量的车祸记录、损失情况记录，结合其众多影响因素，测算出不同车险的费率等。

4. 风险的不确定性

风险及其所造成的损失在总体上具有统计的可知性；但风险在什么地点、什么时间发生、会造成什么损失，是一种随机现象，具有不确定性。

5. 风险的可变性

风险的变化有量的增减，也有质的改变，有旧风险的消亡，也有新风险的产生。

四、风险成本

风险成本又称风险代价，是指因风险的存在或者风险事故发生而引起的有形或无形的损失，包括风险事故的成本、风险因素的成本和处理风险的费用三个方面。

1. 风险事故的成本

对某一经济单位而言，风险事故的发生，会导致其一定程度的损失，有时这种损失还有可能是灾难性的。

2. 风险因素的成本

① 风险因素导致社会生产力和社会个体福利水平下降；
② 风险因素导致社会资源分配失衡。

3. 处理风险的费用

处理风险的费用是经济单位意识到自己面临的风险，采取各种措施的费用。如购买防灾减损设备，购买保险，安装自动火灾报警系统、自动灭火系统等。

五、风险的分类

1. 按风险的性质分类

按照风险的性质不同，风险可以分为纯粹风险和投机风险两大类。

（1）纯粹风险

这是指那些只有损失可能而无获利机会的风险（汽车发生碰撞）。

（2）投机风险

这是指那些既有损失可能也有获利机会的风险（炒股票）。

2. 按风险的环境分类

按照风险的环境不同，风险可分为静态风险和动态风险两大类。

（1）静态风险

这是指由于自然力的不规则作用，或者由于人们的错误或失当行为而招致的风险。前者如地震、海难、雹灾等；后者如人的死亡、残疾、盗窃、欺诈等。此类风险大多是在社会经济结构未发生变化的条件下发生的，因此称为静态风险。

（2）动态风险

这是指以社会经济的变动为直接原因的风险，通常由人们欲望的变化、生产方式和生产技术以及产业组织的变化等引起。政府经济政策的改变、新技术的运用、产业结构的调整、人们消费观念的改变、军事政变等所导致的风险，如战争、通货膨胀等都属于动态风险。

静态风险与动态风险的主要区别：

①对于社会而言，静态风险导致的损失是绝对的，而动态风险导致的损失是相对的；

②从影响范围来看，静态风险一般只对少数社会成员（个体）产生影响，而动态风险的影响则较为广泛；

③静态风险对个体而言，事故的发生是偶然的、不规则的，但就社会整体而言，其具有一定的规律性；相反，动态风险很难找到其规律性。

3. 按风险标的分类

按照风险的标的不同，风险可以分为财产风险、人身风险、责任风险和信用风险。

（1）财产风险

这是指导致财产毁损、灭失和贬值的风险。

（2）人身风险

这是指导致人的死亡、残疾、疾病、衰老及劳动能力丧失或降低等的风险。

（3）责任风险

这是指由于个人或团体的疏忽或者过失行为，造成他人财产损失或人身伤亡，依照法律或契约应承担民事法律责任的风险。

（4）信用风险

这是指在经济交往中，权利人与义务人之间，由于一方违约或违法致使对方遭受经济损失的风险。

4. 按风险形成的原因分类

按照风险形成的原因不同，风险可以分为自然风险、社会风险、经济风险和政治风险。

（1）自然风险

这是指由于自然现象、物理现象或者其他物质风险因素所形成的风险。

（2）社会风险

这是指由于个人或团体的作为（包括过失行为、不当行为及故意行为）或不作为使社会生产及人们的生活遭受损失的风险。

（3）经济风险

这是指在生产和销售等经营活动中由于受各种市场供求关系、经济贸易条件等因素变化的影响或经营者决策失误，对前景预期出现偏差等导致经营失败的风险。

（4）政治风险

这是指在对外投资和贸易过程中，因政治原因或订约双方所不能控制的原因，使债权人有可能遭受损失的风险，如种族宗教的冲突、叛乱、战争等。

5. 按承担风险的主体分类

按承担风险的经济主体不同，风险可以分为个人与家庭风险、团体风险和政府风险等。

（1）个人与家庭风险

主要是指以个人与家庭作为承担风险主体的那一类风险。

（2）团体风险

主要是指以企业或社会团体作为承担风险主体的那一类风险。

（3）政府风险

主要是指以政府作为承担风险主体的风险（战争、动乱、巨灾）。

一、风险管理的概念

风险管理是指经济单位通过风险识别、风险估测，采用合理的经济和技术手段，对风险实施有效的控制，以最小的成本获得最大安全保障的管理活动。

二、风险管理的目标

1. 风险管理目标的概念

风险管理的基本目标是以最小成本获得最大安全保障效益。风险管理的具体目标可以概括为损失前目标和损失后目标。

① 损失发生前的风险管理目标是指通过风险管理消除和减少风险发生的可能性，为人们提供较安全的生产、生活环境；

② 损失发生后的风险管理目标是指通过风险管理在损失出现后及时采取措施，组织经济补偿，帮助迅速恢复生产和生活秩序。

2. 风险管理的作用

① 有助于消除风险；
② 有助于稳定社会经济环境；
③ 有助于提高企业经济效益；
④ 有助于稳定生产经营环境。

三、风险管理的方法

随着社会的发展和科技的进步，现实生活中的风险因素越来越多，无论企业还是家庭，都日益认识到进行风险管理的必要性和迫切性。人们想出种种办法来对付风险，但无论采用何种方法，风险管理的一条基本原则是：以最小的成本获得最大的保障。

风险管理主要有回避风险、预防风险、自留风险和转移风险四种方法。

1. 回避风险

回避风险是指主动避开损失发生的可能性。如考虑到乘车存在发生车祸的风险就不乘车。虽然回避风险能从根本上消除隐患，但这种方法明显具有很大的局限性，因为并不是所有的风险都可以回避。如人身意外伤害，无论如何小心翼翼，这类风险总是无法彻底消除。如因害怕出车祸就拒绝乘车，车祸风险虽然可以避免，但将给日常生活带来极大的不便，实际上是不可行的。

2. 预防风险

预防风险是指采取预防措施，以减小损失发生的可能性及损失程度。汽车主动安全装置就是典型的例子。预防风险涉及一个现实成本与潜在损失比较的问题，若潜在损失远大于采取预防措施所支出的成本，就应采用预防风险的手段。以汽车主动安全为例，虽然安装主动安全装置提高了车辆成本，但与人的生命安全相比，就显得微不足道了。

3. 自留风险

自留风险是指自己非理性或理性地主动承担风险。非理性自留风险是指对损失发生存在侥幸心理或对潜在的损失程度估计不足，从而被动地承担风险；理性自留风险是指经正确分析，认为潜在损失在承受范围之内，而且自己承担全部或部分风险比购买保险要经济合算。自留风险一般适用于发生概率小且损失程度低的风险。

4. 转移风险

转移风险是指通过某种安排，把自己面临的风险全部或部分转移给另一方。通过转移风险而得到保障，是应用范围最广、最有效的风险管理手段，购买保险就是转移风险的一种管理手段之一。

四、风险、风险管理与保险的关系

1. 风险与保险的关系

（1）风险的客观存在是保险产生与存在的前提

风险的存在是保险关系确立的基础。风险是客观存在的，不以人的意志为转移。风险的发生直接影响社会生产过程继续进行和家庭的正常生活，因而人们产生了对损失进行补偿的需要。保险就是一种社会普遍接受的经济补偿方式。

（2）风险的发展是保险发展的依据

社会的进步、发展与现代科学技术的应用，在帮助克服原有风险的同时，又带来了新风险。新风险对保险提出新的要求，促使保险业不断设计新的险种和开发新的业务。

2. 风险管理与保险的关系

（1）保险是风险管理的有效措施

在面临各种风险损失时，一部分可以通过风险控制去消除或减少，但不可能全部消除。提留与自身财产价值等量的后备基金，即造成资金浪费，又难以解决巨额损失的补偿问题。因此，风险转移就成为风险管理的重要手段，保险就成为处理风险转移的一种手段。通过保险，把不能自行承担的风险转嫁于保险人，以小额的固定支出换取巨额风险的保障，使保险成为处理风险的有效措施。

（2）保险经营效益要受风险管理技术的制约

保险经营效益的大小受多种因素的制约，风险管理技术作为非常重要的因素，对保险经营效益产生巨大的影响。如对风险的识别是否全面，对风险损失的频率和造成损失的幅度估计是否准确，哪些风险可以接受承保，哪些风险不可以承保，保险的范围应有多大、程度如何，保险成本与效益的比较等，都制约着保险的经营效益。

一、保险的定义

保险是指投保人根据合同约定，向保险人支付保险费，保险人对合同约定的可能发生的事故，因其发生所造成的财产损失承担赔偿保险金的责任，或者当被保险人死亡、伤残、疾病或者达到合同约定的年龄期限时，承担给付保险金责任的商业保险行为。

1. 法律角度

保险是以合同形式建立的一种民事法律关系。

2. 经济角度

保险是一种分摊灾害事故损失的财务安排，具有互助合作的性质。

二、保险的基本要素

1. 可保风险的存在

可保风险是指符合保险人承保条件的特定风险。一般来说，可保风险应具备的条件包括：

① 风险应当是纯粹风险。即风险一旦发生，成为现实风险事故，只有损失的机会而无获得的可能；
② 风险应当使大量的标的均有遭受损失的可能性；
③ 风险应当有导致重大损失的可能；
④ 风险不能使大多数的保险标的同时遭受损失。这一条件要求损失的发生具有分散性；
⑤ 风险必须具有现实的可测性。

2. 大量同质风险的集合与分散

保险的过程，既是风险的集合过程，又是风险的分散过程。保险人通过保险将众多投保人所面临的分散性风险集合起来，当发生保险责任范围内的损失时，又将少数人发生的损失分摊给全部投保人，也就是通过保险的补偿或给付行为分摊损失，将集合的风险予以分散。

3. 保险费率的厘定

保险在形式上是一种经济保障活动，而实质上是一种特殊商品的交换行为，因此，制定保险商品的价格，即厘定保险费率，便构成了保险的基本要素。

保险商品的交换行为又是一种特殊的经济行为，为保证保险双方当事人的利益，保险费率的厘定要遵循一些基本原则：

① 公平性原则；
② 合理性原则（针对某险种的平均费率而言）；
③ 稳定性原则；
④ 适度性原则；
⑤ 弹性原则。

4. 保险准备金的建立

保险准备金是指保险人为保证其如约履行保险赔偿或给付义务，根据政府有关法律规定或业务特定需要，从保费收入或盈余中提取的与其所承担的保险责任相对应的一定数量的基金。为了保证保险公司的正常经营，保护被保险人的利益，各国一般都以保险立法的形式规定保险公司应提取的保险准备金，以确保保险公司具备与其保险业务规模相应的偿付能力。

5. 保险合同的订立

① 保险合同是体现保险关系存在的形式；
② 保险合同是保险双方当事人履行各自权利与义务的依据。

三、保险的分类

1. 按保险的实施方式分类

（1）自愿保险

这是指保险人与投保人在自愿的基础上，通过签订保险合同而建立保险关系的一种保险。

（2）法定保险

法定保险又称强制保险。它是保险人与投保人以政府有关法律法规为依据而建立保险关系的一种保险。

2. 按保险标的不同分类

（1）财产保险

这是指以有形的物质财产和无形的相关利益为标的的保险。
以下保险都属于财产保险：

① 火灾保险（企业财产险、家庭财产险等）；
② 货物运输保险（海上、陆地、航空等）；
③ 工程保险（建筑工程、船舶、飞机等）；
④ 海上保险（海上运输的货物、船舶）；
⑤ 农业保险（种植业、养殖业）；
⑥ 科技工程保险（核电站、卫星发射等）。

（2）人身保险

这是指以人的生命、身体、健康、劳动能力等为标的的保险。

1）人寿保险

这是指以人的生命为标的的保险。包括死亡保险、生存保险、生死两全保险。

2）人身意外伤害险

这是指以被保险人遭受意外伤害导致的死亡或残废为给付保险金的条件。

3）健康保险

包括医疗费用保险、重大疾病保险、生育保险、丧失工作能力的收入保险、护理保险。

（3）责任保险

这是指以被保险人的民事损害赔偿责任和经过特别约定的合同赔偿责任为标的的保险。其有以下一些特点：

① 作为财产险的基本责任来投保；
② 作为财产险的附件责任来投保，不可单独投保；
③ 作为与财产保险中的特定标的有关的责任投保，可单独投保；
④ 独立投保的责任险，有公众责任险、雇主责任险、职业责任险、产品责任险。

(4)信用保证保险

这是指以义务人的信用为标的的保险。

1)信用保险

这是指权利人向保险公司投保,担保义务人信用的保险。
- 出口信用保险;
- 国内商业信用保险。

2)保证保险

这是指义务人向保险公司投保,担保自己信用的保险。
- 履约保证保险;
- 产品保证保险;
- 雇员忠诚保证保险。

3. 按保险风险转移的方式分类

(1)原保险

原保险是指投保人与保险人之间直接订立合同,确立双方的权利义务关系,投保人将危险转移给保险人。在原保险关系中,保险需求者将其风险转嫁给保险人,当保险标的遭受保险责任范围内的损失时,保险人直接对被保险人承担赔偿责任。

(2)再保险

再保险也称分保,是保险人在原保险合同的基础上,通过签订分保合同,将其所承保的部分风险和责任向其他保险人进行保险的行为。

(3)重复保险

重复保险是指投保人以同一保险标的、同一保险利益、同一保险事故分别与两个或两个以上保险人签订保险合同的一种保险,且各保险人承担的保险金额总和大于保险标的的保险价值。

(4)共同保险

共同保险又称为共保,是由多个保险人共同承担同一标的、同一风险、同一保险利益的保险,并且保险金额不得超过保险标的的价值,发生保险责任时,赔偿依照各保险人承担的金额比例分摊。

4. 按保险的性质分类

（1）商业保险

商业保险是指投保人根据合同约定，向保险人缴纳保险费，保险人对于合同约定的可能发生的事故造成的财产损失承担赔偿责任。

（2）社会保险

社会保险是国家通过立法对社会劳动者暂时或永久丧失劳动能力或失业时提供一定的物质帮助，以保障其基本生活的一种社会保障制度。

（3）政策保险

政策保险是政府为了一定的目的，运用普通保险的技术而开办的一种保险。

5. 按保险价值的确定方式分类

（1）定值保险

定值保险指保险合同双方当事人事先确定保险标的的价值，并在合同中载明以确定保险金最高限额的财产保险合同。定值保险合同成立后，如发生保险事故，造成财产全部损失时，无论保险标的的实际价值是多少，保险人都应当以合同中约定的保险价值作为计算赔偿金额的依据，而不必对保险标的重新估价。如果是部分损失，只需要确定损失的比例，该比例与双方确定的保险价值的乘积，即为保险人应支付的赔偿金额。

在实际操作中，定值保险合同多适用于海上保险、国内货物运输保险、国内船舶保险及一些以不易确定价值的艺术品为保险标的的财产保险。

（2）不定值保险

不定值保险指双方当事人在订立合同时只列明保险金额，不预先确定保险标的的价值，须至危险事故发生后，再行估计其价值而确定其损失的保险合同，这种采用不定值合同的保险即为不定值保险。

不定值保险合同中保险标的的损失额，以保险事故发生之时保险标的的实际价值为计算依据，通常的方法是，以保险事故发生时，当地同类财产的市场价格来确定保险标的的价值。但无论保险标的的市场价格发生多大的变化，保险人对于标的所遭受的损失的赔偿，均不得超过合同所约定的保险金额。在不易用市场价值确定保险价值时，也可用重置成本减折旧的方法或其他的估价方法来确定保险价值。

在实际操作中，大多数财产保险均采用不定值保险合同。

四、保险的职能和作用

1. 保险的基本职能

保险的基本职能是通过分摊风险补偿损失或给付保险金来实现的。

（1）风险损失分摊

保险是通过投保人缴纳保险费，建立保险基金，以有效的运作基金，来实现对遭受损失的被保险人或受益人提供经济保障。保险是将在一定时期可能发生的风险损失的总额，在有共同风险的投保人之间平均化，由所有投保人平均分担，从而把个别单位或个人难以承受的风险损失，变成多数人能够承担的风险损失。这实际上就是把风险损失均摊给所有保险人。

（2）补偿风险损失

保险基金的基本用途，就是根据投保人和保险人的约定，在特定风险发生后，对被保险人所遭受的风险损失进行经济补偿。

因此可以把保险的功能概述为以收取保险费的方法，建立保险基金来分摊风险损失，以此实现经济补偿的目的。分摊损失和经济补偿是保险机制不可分割的两个方面。

2. 保险的派生职能

（1）投资

保险人把积聚起来的保险基金中暂时闲置的部分用于融资或投资，使基金保值增值。

1）资金来源

资本金、未到期责任准备金、未决赔款准备金、保险总准备金、公积金等。

2）投资原则

安全性、流动性、收益性、合法性、社会性。

3）投资方式

国际：股票、债券、抵押贷款、不动产、银行存款。
国内：银行存款、政府债券、金融债券、保监会指定的中央企业债券、银行同业拆借、投资基金。

（2）防灾防损

保险是承担风险，作为保险经营者，为了稳定经营，有必要对风险进行分析、预测、评估，哪些风险能作为承保风险，哪些风险可进行时空上的分散，哪些风险不可作为承保风险。而人为的因素与风险转化为现实损失的发生率具有相关性，通过人为的事前预防，可以减少损失的产生。因此，保险又派生了防灾防损的职能。

3. 保险的作用

① 补偿灾害事故损失，保障社会再生产的正常进行；
② 维护社会稳定和人民生活安定；
③ 促进企业风险管理，有利于防灾防损；
④ 积累建设资金，促进市场经济发展；
⑤ 为新技术开发提供保障，促进科技发展；
⑥ 有利于国际贸易和对外经济交往的发展。

简答题

1. 什么叫风险?

2. 风险成本包括哪三个方面?

3. 风险管理有哪些方法?

4. 保险的定义是什么?

课题二
汽车保险基础知识

知识目标

1. 了解汽车保险的起源与我国汽车保险的发展历程。
2. 掌握汽车保险的定义。
3. 熟悉汽车保险的基本特征与作用。

能力目标

1. 能够向客户介绍保险的作用。
2. 能够向客户介绍保险类型。

任务一 汽车保险的起源与发展

汽车保险是财产保险的一种,在财产保险领域中,汽车保险属于一个相对年轻的险种,这是由于汽车保险是伴随着汽车的出现和普及而产生和发展的。同时,与现代机动车辆保险不同的是,在汽车保险的初期,是以汽车的机动车第三者责任保险为主险的,并逐步扩展到车身的碰撞损失等保险。

一、汽车保险的起源

汽车保险起源于19世纪中后期。当时,随着汽车在欧洲一些国家的出现与发展,因交通事故而导致的意外伤害和财产损失随之增加。尽管各国都采取了一些管制办法和措施,汽车的使用仍对人们的生命和财产安全构成了严重威胁。因此引起了一些精明的保险人对汽车保险的关注。

1896年11月，在由英国的苏格兰雇主保险公司发行的一份保险情报单中，刊载了为庆祝《1896年公路机动车辆法令》的顺利通过，而于11月14日举办伦敦至布赖顿的大规模汽车赛的消息。在这份保险情报中，还刊登了"汽车保险费年率"。最早开发汽车保险业务的是英国的"法律意外保险有限公司"，1898年，该公司率先推出了汽车第三者责任保险，并可附加汽车火险。到1901年，保险公司提供的汽车保险单，已初步具备了现代综合责任险的条件，保险责任也扩大到了汽车的失窃。

二、汽车保险的发展

20世纪初期，汽车保险业在欧美得到了迅速发展。1903年，英国创立了"汽车通用保险公司"，并逐步发展成为一家大型的专业化汽车保险公司。1906年，成立于1901年的汽车联盟也建立了自己的"汽车联盟保险公司"。到1913年，汽车保险已扩大到了20多个国家，汽车保险费率和承保办法也基本实现了标准化。

1927年是汽车保险发展史上的一个重要里程碑。美国马萨诸塞州制定的举世闻名的《强制汽车（责任）保险法》的颁布与实施，表明了汽车第三者责任保险开始由自愿保险方式向法定强制保险方式转变。此后，汽车第三者责任法定保险很快波及世界各地。第三者责任法定保险的广泛实施，极大地推动了汽车保险的普及和发展。车损险、盗窃险、货运险等业务也随之发展起来。

自20世纪50年代以来，随着欧、美、日等国家和地区汽车制造业的迅速扩张，机动车辆保险也得到了广泛发展，并成为各国财产保险中最重要的业务险种。到20世纪70年代末期，汽车保险已占整个财产险的50%以上。

三、我国汽车保险的发展历程

1. 萌芽时期

中国的汽车保险业务的发展经历了一个曲折的历程。虽然早在新中国成立之前，我国就已开展了汽车保险业务，但由于中国保险市场处于外国保险公司的垄断与控制之下，加之旧中国的工业不发达，中国的汽车保险实质上处于萌芽状态，其作用与地位十分有限。

2. 试办时期

新中国成立以后的1950年，创建不久的中国人民保险公司就开办了汽车保险。但是因宣传不够和认识的偏颇，不久就出现对此项保险的争议，有人认为，汽车保险以及第三者责任保险对于肇事者予以经济补偿，会导致交通事故的增加，对社会产生负面影响。于是，中国人民保险公司于1955年停止了汽车保险业务。直到20世纪70年代中期，为了满足各国驻华使领馆等外国人对汽车保险的需要，才开始办理以涉外业务为主的汽车保险业务。

3. 发展时期

在我国保险业恢复之初的1980年，中国人民保险公司逐步全面恢复中断了近25年之久的汽车保险业务，以适应国内企业和单位对于汽车保险的需要，适应公路交通运输业迅速发展、事故日益频繁的客观需要。但当时汽车保险仅占财产保险市场份额的2%。

随着改革开放形势的发展，社会经济和人民生活也发生了很大的变化，机动车辆迅速普及和发展，机动车辆保险业务也随之得到了迅速发展。1983年，将汽车保险改为机动车辆保险，使其具有更广泛的适应性，在此后的近20年中，机动车辆保险在中国保险市场，尤其在财产保险市场中始终发挥着重要的作用。到1988年，汽车保险的保费收入超过了20亿元，占财产保险份额的37.6%，第一次超过了企业财产险（35.99%）。从此以后，汽车保险一直是财产保险的第一大险种，并保持高增长率，中国的汽车保险业务进入了高速发展的时期。与此同时，机动车辆保险条款、费率以及管理也日趋完善，尤其是中国保险监督管理委员会的成立，进一步完善了机动车辆保险的条款，加大了对于费率、保险单证以及保险人经营活动的监管力度，加速建设并完善了机动车辆保险中介市场，对全面规范市场，促进机动车辆保险业务的发展起到了积极的作用。

任务二 汽车保险概述

一、汽车保险的定义

汽车保险是财产保险的一种,也称为机动车辆保险,是以汽车(机动车辆)本身及其第三者责任为主的一种运输工具保险。汽车保险具体可分商业险和机动车交通事故责任强制保险(简称交强险)。

根据中国银保监会2020年9月19日正式实施的车险综合改革方案可知,商业险又包括车辆主险和附加险两个部分。

1. 商业险主险

商业险主险包括机动车损失保险、机动车第三者责任保险和机动车车上人员责任保险共三个独立的险种。

新规实施后机动车损失保险条款在现有保险责任基础上,增加机动车全车盗抢、玻璃单独破碎、自燃、发动机涉水、不计免赔率、指定修理厂、无法找到第三方特约等7个方面的保险责任。也就是说购买一个机动车损失保险就包含了7个险种。

2. 商业险附加险

商业附加险是相对于主险(基本险)而言,顾名思义是指附加在主险合同下的附加合同。它不可以单独投保,要购买附加险必须先购买主险。其中商业附加险包括:附加绝对免赔率特约条款、附加车轮单独损失险、附加新增加设备损失险、附加车身划痕损失险、附加修理期间费用补偿险、附加发动机进水损坏除外特约条款、附加车上货物责任险、附加精神损害抚慰金责任险、附加法定节假日限额翻倍险、附加医保外医疗费用责任险和附加机动车增值服务特约条款等共11种附加险。

二、汽车保险的基本特征

1. 保险标的出险率较高

汽车是陆地上的主要交通工具。由于其经常处于运动状态,总是载着人或货物不断地从一个地方开往另一个地方,很容易发生碰撞及其他意外事故,造成人身伤亡或财产损失。由于车辆数量的迅速增加,一些国家交通设施及管理水平跟不上车辆的发展速度,再加上驾驶人的疏忽、过失等人为原因,交通事故发生频繁,汽车出险率较高。

2. 业务量大、投保率高

由于汽车出险率较高，汽车的所有者需要以保险方式转嫁风险。各国政府在不断改善交通设施，严格制定交通规章的同时，为了保障受害人的利益，对第三者责任保险实施强制保险。

保险人为适应投保人转嫁风险的不同需要，为被保险人提供了更全面的保障，在开展机动车主险的基础上，推出了一系列附加险，使汽车保险成为财产保险中业务量较大、投保率较高的一个险种。

3. 扩大保险利益

汽车保险中，针对汽车所有者与使用者不同的特点，汽车保险条款一般规定：不仅被保险人本人使用车辆时发生保险事故保险人要承担赔偿责任，而且凡是被保险人允许的驾驶人使用车辆时，也视为其对保险标的具有保险利益。如果发生保险单上约定的事故，保险人同样要承担事故造成的损失，保险人须说明汽车保险的规定以"从车"为主，凡经被保险人允许的驾驶人驾驶被保险人的汽车造成保险事故的损失，保险人须对被保险人负赔偿责任。

此规定是为了对被保险人提供更充分的保障，并非违背保险利益原则。但如果在保险合同有效期内，被保险人将保险车辆转卖、转让、赠送他人，被保险人应当书面通知保险人并申请办理批改。否则，保险事故发生时，保险人对被保险人不承担赔偿责任。

4. 被保险人无赔款优待

为了促使被保险人注意维护、养护车辆，使其保持安全行驶技术状态，并督促驾驶人注意安全行车，以减少交通事故，保险合同上一般规定：保险车辆在保险期限内无赔款，续保时可以按保险费的一定比例享受无赔款优待。

5. 注重维护公众利益

机动车第三者责任保险，作为一种与机动车辆密不可分的责任保险业务，在绝大多数国家均采用强制原则实施，是一种法定保险业务。各国之所以对这种业务特殊对待，其出发点都是为了维护公众利益，即确保在道路交通事故中受害的一方能够得到有效的经济补偿。

三、汽车保险的作用

我国自1980年保险业务恢复以来，汽车保险业务已经取得了长足的进步，尤其是伴随着汽车进入百姓的日常生活，汽车保险正逐步成为与人们生活密切相关的经济活动，其重要性和社会性也正逐步凸显，作用越加明显。

1. 促进汽车工业的发展、扩大了汽车需求

从经济发展情况看，汽车工业已成为我国经济健康、稳定发展的重要动力之一。汽车产业政

策在国家产业政策中的地位越来越重要，汽车产业政策要产生社会效益和经济效益，要成为中国经济发展的原动力，离不开汽车保险与之进行配套服务。汽车保险业务自身的发展对于汽车工业的发展起到了有力的推动作用。汽车保险的出现，解除了企业与个人对使用汽车过程中可能出现的风险的担心，一定程度上提高了消费者购买汽车的欲望，从而扩大了对汽车的需求。

2. 稳定了社会公共秩序

随着我国经济的发展和人民生活水平的提高，汽车作为重要的生产运输和代步的工具，成为社会经济发展及人民生活不可缺少的一部分，其作用显得越来越重要。汽车作为一种保险标的，虽然单位保险金不是很高，但数量多而且分散，车辆所有者既有党政部门，也有工商企业和个人。车辆所有者为了转嫁使用汽车带来的风险，愿意支付一定的保险费投保。在汽车出险后，从保险公司获得经济补偿。由此可以看出，开展汽车保险，既有利于社会稳定，又有利于保障保险合同当事人的合法权益。

3. 促进了汽车安全性能的提高

在汽车保险业务中，经营管理与汽车维修行业及其价格水平密切相关。原因是在汽车保险的经营成本中，事故车辆的维修费用是其中重要的组成部分，同时车辆的维修质量在一定程度上体现了汽车保险产品的质量。保险公司出于有效控制经营成本和风险的需要，除了加强自身的经营业务管理外，必然会加大事故车辆修复工作的管理，这在一定程度上提高了汽车维修质量管理的水平。同时，汽车保险的保险人从自身和社会效益的角度出发，联合汽车生产厂家、汽车维修企业开展汽车事故原因的统计分析，研究汽车安全设计新技术，并为此投入大量的人力和财力，从而促进了汽车安全性能的提高。

4. 汽车保险业务在财产保险中占有重要的地位

目前，大多数发达国家的汽车保险业务在整个财产保险业务中占有十分重要的地位。美国汽车保险保费收入，占财产保险总保费的 45% 左右，占全部保费的 20% 左右。亚洲地区的日本汽车保险的保费占整个财产保险总保费的比例更是高达 58% 左右。

从我国的情况来看，随着积极的财政政策的实施，道路交通建设的投入越来越多，汽车保有量逐年递增。在过去的 20 年，汽车保险业务保费收入每年都以较快的速度增长。在国内各保险公司中，汽车保险业务保费收入占其财产保险业务总保费收入的 50% 以上，部分公司的汽车保险业务保费收入占其财产保险业务总保费收入的 60% 以上。汽车保险业务已经成为财产保险公司的"吃饭险种"，其经营的盈亏，直接关系到整个财产保险行业的经济效益。可以说，汽车保险业务的效益已成为财产保险公司效益的"晴雨表"。

简答题

1. 汽车保险起源于什么时期?

2. 汽车保险具体可分为哪两种保险?

课题三 汽车保险合同

知识目标

1. 了解汽车保险合同的定义与特点。
2. 了解《保险法》对汽车保险合同与保险业务的规定。
3. 掌握汽车保险合同的主要内容。
4. 熟悉汽车保险合同的订立流程。

能力目标

1. 能够向客户介绍汽车保险的具体内容。
2. 能够向客户介绍申报保险的流程。

汽车保险事故理赔纠纷多集中在保险人与投保人或被保险人的责任及责任大小；保险合同是否成立与生效以及保险人是否承担责任和承担多少责任等问题上。因此，掌握汽车保险合同的特点、汽车保险合同订立与履行过程中涉及的原则和问题，对解决围绕汽车保险合同的纠纷具有十分重要的理论意义。

任务一 汽车保险合同概述

一、汽车保险合同的定义

汽车保险合同是指投保人与保险人双方以汽车为保险标的，经过要约和承诺程序，在自愿的基础上订立的一种在法律上具有约束力的协议。是投保人与保险人约定保险权利义务关系的协议。保险人按照约定，对被保险人因自然灾害、意外事故而遭受的经济损失或者依法应承担的民事责任负赔偿责任，而由投保人交付保险费的合同。

汽车保险合同不仅适用《保险法》《道路交通安全法》《机动车交通事故责任强制保险条例》等法律法规的规定，而且适用《中华人民共和国民法典》的有关规定。

二、汽车保险合同的特点

1. 汽车保险合同的一般特点

（1）汽车保险合同是最大诚信合同

任何合同订立，都应本着诚实、信用的原则。汽车保险合同订立时，投保人应当告知保险人汽车的真实情况。保险人也应将保险合同内容及特别约定事项、责任免除如实向投保人进行解释，不得误导或引诱投保人参加汽车保险。因此，最大诚信原则对投保人与保险人是同样适用的。

（2）汽车保险合同是附和合同

附和合同是指合同不是双方当事人充分商议而订立的，而是由一方提出合同的主要内容，另一方只能取与舍，即可选择接受对方提出的条件订立合同，也可拒绝，没有修改合同内容的权利。汽车保险合同是附和合同，由保险人缮写，投保人无权修改合同的内容，只有权决定是否与保险人订立合同。

（3）汽车保险合同是双务合同

双务合同是指合同当事人双方互相承担义务、互相享有权利。投保人承担支付保险费义务，保险人承担约定事故出现后的赔款义务；投保人或被保险人在约定事故发生后有权向保险人索赔，而保险人也有权要求投保人缴纳保险费。所以，汽车保险合同是双务合同。

（4）汽车保险合同是射性合同

所谓"射幸"，即"侥幸"，它的本意是碰运气的意思。射性合同是指当事人一方是否履行义务有赖于偶然事件出现的一种合同。这种合同的效果在于订约时带有不确定性。保险合同是射幸合同中典型的一种，在合同的有效期间，如发生保险标的损失，则被保险人从保险人那里得到的赔偿金额可能远远超出其所支出的保险费；反之，如果无损失发生，则被保险人只能付出保费而无任何收入。

2. 汽车保险合同的自身特点

汽车保险合同是财产保险合同的一种。由于汽车保险合同的客体不同于一般的财产保险合同。所以，汽车保险合同除了具有一般保险合同的特点外，还有自身的特点。

（1）汽车保险合同的可保利益较大

对于汽车保险，不仅被保险人使用汽车时具有保险利益，对于被保险人允许的合格驾驶员使用保险车辆，同样具有可保利益。

（2）汽车保险合同是不定值合同

我国机动车损失保险的保险金额主要按照投保时车辆的购置价格确定，也可以按照投保时车辆的实际价值来确定，或者由保险人与投保人或被保险人协商确定，车辆的保险金额为车险的最高赔偿金额。

车险中的机动车第三者责任保险的保险金额分为几个档次，投保人或被保险人根据自身状况与保险人协商确定投保限额，并将投保限额作为保险人赔偿的最大金额。因此，汽车保险中的机动车第三者责任保险具有结付性质，其保险金额的确定具有不确定性。所以，汽车保险合同是不定值保险合同。

（3）汽车保险合同是财产保险和人身保险的综合性保险合同

我国的汽车保险属于财产保险的一个险种，但是我国汽车保险的保险标的可以是汽车本身，也可以是事故发生后被保险人对他人依法应负的民事赔偿责任。

（4）保险人对第三者责任有追偿的权利

如果被保险人的损失是由第三者造成的。保险人赔偿了被保险人的损失后，被保险人应将向第三者追偿的权利转让给保险人，保险人依法享有对第三者追偿的权利，但保险人的追偿权限为赔偿给被保险人的金额，如果保险人的追偿金额超过赔偿金额，则超过部分应还给被保险人。如果被保险人在未取得保险人同意的情况下，放弃向第三者追偿的权利，保险人有权拒绝被保险人的赔偿请求。

3. 汽车保险合同的常见形式

（1）投保单

汽车保险投保单是投保人申请保险的一种书面形式。通常，投保单由保险人事先设计并印制。投保单上面列明了保险合同的具体内容，投保人只需在投保单上列明的项目逐项填写即可。上述投保单的内容经保险人签章后，保险合同即告成立，保险人按照约定的时间开始承担保险责任。

（2）保险单

保险单是保险人和投保人之间订立保险合同的正式书面凭证。它根据汽车投保人的申请，在保险合同成立后，由保险人向投保人签发。保险单上列明了保险合同的所有内容，它是保险双方当事人确定权利、义务和发生保险事故遭受经济损失后，被保险人向保险人索赔的重要依据。

（3）保险凭证

保险凭证也称"小保单"，它是保险人出立给被保险人以证明保险合同已有效成立的文件，是一种简化的保险单，与保险单有相同的效力。保险凭证未列明的内容均以正式保单为准。

保险凭证的使用情况：

为了便于双方履行合同，这种在保险单以外单独签发的保险凭证主要在以下几种情况时使用：

① 在一张团体保险单项下，需要给每一个参加保险的人签发一张单独的凭证。
② 在货物运输保险订有预约合同的条件下，需要对每一笔货运签发单独的凭证。
③ 对于机动车辆三者责任保险，一般实行强制保险。为了便于被保险人随身携带以供有关部门检查，保险人通常出具保险凭证。

（4）暂保单

暂保单是保险人出具正式保单以前签发的临时保险合同，用以证明保险人同意承保。暂保单的内容较为简单，仅表明投保人已经办理了保险手续，并等待保险人出立正式保险单。暂保单具有和正式保险单同等的法律效力。暂保单的有效期通常不超过30天。当正式保险单出立或暂保单有效期满后，暂保单自动失效。如果保险人最后考虑不向投保人签发保险单时，也可以终止暂保单的效力，但必须提前通知投保人。订立暂保单不是签订保险合同的必经程序，也不是保险合同的凭证。

在以下几种情况下可能需要使用暂保单：

① 保险代理人尚未向保险人办妥保险单之前，保险人向投保人签发暂保单。
② 保险公司的分支机构在接受投保人的要约后，需要获得上级保险公司或保险总公司的批准。在未获得批准之前，向投保人签发暂保单。
③ 保险人和投保人在洽谈或续订保险合同时，主要条款达成协议，但一些条件尚未谈妥，保险人签发暂保单。
④ 在办理出口贸易结汇时，在保险单或保险凭证未出具之前，可出示暂保单。证明出口货物已经办理保险。

(5) 批单

批单是更改保险合同某些内容的更改说明书。在操作汽车保险业务的过程中，往往涉及车辆过户、转让、出售等变更车辆所有权的行为，因而也导致汽车保险单中的某些要素如被保险人发生变更；或者保险金额、保险期限等内容变更，这些变更内容需要用某种形式将其记载下来，或者重新出具保险单。但是在实际业务中，这样的变更行为是非常频繁的，因而重新出具保险单往往成了一种烦琐的工作，批单的出现及广泛使用便成为顺理成章的事情。投保人或被保险人在保险有效期内如果需要对保单内容作部分更改，需向保险人提出申请，保险人如同意更改，则批改的内容在保单或保险凭证上批注或附贴便条。凡经批改过的内容，均以批单为准，批单是保险单中的一个重要组成部分。

(6) 书面协议

保险人经与投保人协商同意，可将双方约定的承保内容及彼此的权利义务关系以书面协议的形式明确下来。这种书面协议也是保险合同的一种形式。同正式保单相比，书面协议的内容不事先拟就，而是根据保险关系双方当事人协商一致的结果来签订，具有较大的灵活性和针对性，是一种不固定格式的保险单，因而它与保险单具有同等法律效力。

任务二 汽车保险合同的主要内容

与汽车保险合同订立直接发生关系的是保险合同的当事人,包括保险人和投保人;与汽车保险合同间接发生关系的是合同的关系人,它仅指被保险人。由于在保险业务中涉及的面较广,通常存在社会中介组织,如保险代理人、经纪人、公估人等。

一、汽车保险合同的当事人

汽车保险合同的当事人包括保险人和投保人。

所谓保险人,是指与投保人订立汽车保险合同,对于合同约定的可能发生的事故因其发生造成汽车本身损失及其他损失承担赔偿责任的财产保险公司。投保人是指与保险人订立保险合同,并按照保险合同负有支付保险费义务的人。作为汽车保险合同当事人之一的保险人,有权决定是否承保,有权要求投保人履行如实告知义务,有权代位追偿、处理赔偿后损余物资,同时也有按规定及时赔偿的义务。

投保人必须对汽车具有可保利益,也就是说,汽车的损毁或失窃,都将影响投保人的利益。

换句话讲,可保利益是指投保人对保险标的具有法律上承认的利益。同时,投保人要向保险人申请订立保险合同,并负有缴纳保险费的义务。

投保汽车保险应具备下列3个条件:

① 投保人是具有权利能力和行为能力的自然人或法人,反之,不能作为投保人。
② 投保人对汽车具有利害关系,存在可保利益。
③ 投保人负有缴纳保险费的义务。

二、汽车保险合同的关系人

在财产保险合同中,合同的关系人仅仅指被保险人,而人身保险合同中的关系人除了被保险人外,还有受益人。通常被保险人是一个,而受益人可以为多个。汽车保险合同是财产保险合同的一种,应当具有财产保险合同的一般特征,因而,汽车保险合同的关系人是被保险人。所谓被保险人,是指其财产或者人身受保险合同保障,享有保险金请求权的人。

1. 被保险人的特征

① 被保险人是因保险事故发生而遭受损失的人。在汽车保险合同中，被保险人是保险标的即保险车辆的所有人或具有利益的人；

② 被保险人是享有赔偿请求权的人。因为被保险人是保险事故发生而遭受损失的人，所以享有赔偿请求的权利，投保人不享有赔偿请求的权利。

2. 投保人和被保险人的关系

① 投保人与被保险人的相等关系。在汽车保险中，投保人以自己的汽车投保，投保人同时也就是被保险人；

② 投保人与被保险人的不相等关系。投保人以他人的汽车投保，保险合同一经成立，投保人与被保险人分属两者。在这种情况下，要求投保人对于被保险人的财产损失具有直接的或间接的利益关系。

三、汽车保险中介组织

由于汽车保险在承保与理赔中涉及的面广，中间环节较多，因而在汽车保险合同成立及其理赔过程中存在众多的社会中介组织，如保险代理人、经纪人、公估人等。

四、汽车保险合同的客体

保险标的是指作为保险对象的财产及其有关利益或者人的寿命和身体，它是保险合同双方当事人权利与义务所指的对象。在财产保险合同中，保险标的是指财产本身或与财产相关的利益与责任；人身保险合同的保险标的是指人的生命或身体。汽车保险合同的保险标的是指汽车及其相关利益。

投保人与保险人订立汽车保险合同的主要目的不是保障保险标的不发生损失，而是保障汽车发生损失后的补偿。因此保险人保障的是被保险人对保险标的所具有的利益，即保险利益。

保险利益是汽车保险合同的客体。

汽车保险利益是指投保人对汽车所产生的实际或法律上的利益，如果这种利益丧失，将使之蒙受经济损失。

1. 汽车保险利益的特点

① 这种利益是投保人对汽车具有经济上的价值；
② 这种利益得到法律上的允许或承认；
③ 这种利益是能够用货币进行估价或约定的。

2. 汽车保险利益的表现形式

汽车保险利益具体表现在财产利益、收益利益、责任利益与费用利益4个方面。

① 财产利益包括汽车的所有利益、占有利益、抵押利益、留置利益、担保利益及债权利益；
② 收益利益包括对汽车的期待利益、营运收入利益、租金利益等；
③ 责任利益包括汽车的民事损害赔偿责任利益；
④ 费用利益是指施救费用利益及救助费用利益等内容。

五、汽车保险合同的内容

汽车保险合同的内容主要用来规定保险关系双方当事人所享有的权利和承担的义务，它通过保险条款使这种权利义务具体化，按照保险条款的目的和作用不同，可将其分为基本条款和附加条款。

基本条款是汽车保险合同中不可缺少的条款，没有基本条款也就没有汽车保险合同。基本条款中包括以下内容：

① 保险人名称和住所；
② 投保人、被保险人名称和住所；
③ 保险标的；
④ 保险责任和责任免除；
⑤ 保险期限和保险责任开始时间；
⑥ 保险价值；
⑦ 保险金额；
⑧ 保险费；
⑨ 保险赔偿办法；
⑩ 违约责任和争议处理；
⑪ 订立合同的年、月、日。

上述内容便构成了汽车保险合同的基本条款。

六、《保险法》对汽车保险合同与保险业务的规定

汽车保险合同是保险合同的一种，《保险法》关于保险合同的一般规定，包括合同订立、变更、解除以及保险合同双方当事人的权利义务关系等基本内容，对汽车保险合同的订立、变更等行为同样是适用的，这一点是毫无疑问的。不过，汽车保险业务活动毕竟与其他的具体险种合同行为存在差别，知道并掌握这些差别，对于正确投保汽车保险具有十分重要的意义。

① 汽车的保险价值，可以由投保人和保险人约定并在保险合同中载明，也可以按照保险事故发生时，汽车的实际价值确定。投保汽车保险时，机动车损失保险的保险金额不能超过保险价值，超过保险价值的，超过部分无效；保险金额低于保险价值，保险人按照保险金额与保险价值的比例承担赔偿责任。这就是说，汽车保险金额定得太高，超出了保险价值，多投保的那一部分，投保人也不能多得；如果保险金额定得太低，投保人的损失将得不到足额补偿。

② 如果汽车的损毁因第三者造成的保险事故引起，保险人自向被保险人赔偿保险赔款之日起，在赔款金额范围内代位行使被保险人对第三者请求赔偿的权利。如果被保险人已经从第三者那里取得损害赔偿的，保险人在赔偿保险赔款时，可以相应扣减被保险人从第三者那里已取得的赔款金额。汽车的损毁是因第三者造成的事故引起，被保险人均不能放弃对第三者的请求赔偿权利。如果放弃了这种请求赔偿权利，这种行为不仅无效，而且保险人不承担赔偿保险金责任，或者保险人可以相应扣减保险赔偿金。在汽车保险实际业务中，被保险人碍于情面，或者认为反正有保险公司的赔偿，轻率地放弃对事故责任方的索赔权，而导致保险人拒赔或引发保险纠纷的事例，不胜枚举。因此，被保险人对《保险法》的内容不可等闲视之。

任务三 汽车保险合同订立

一、汽车保险合同的订立

保险合同的订立是被保险人与保险人的双方法律行为，双方当事人的意思表示一致是该合同得以产生的基础。《中华人民共和国民法典》第一千二百一十三条规定："机动车发生交通事故造成损害，属于该机动车一方责任的，先由承保机动车强制保险的保险人在强制保险责任限额范围内予以赔偿；不足部分，由承保机动车商业保险的保险人按照保险合同的约定予以赔偿；仍然不足或者没有投保机动车商业保险的，由侵权人赔偿。"保险合同与一般合同一样，双方当事人订立合同也要通过两个阶段：要约与承诺。

汽车保险合同的订立，必须经过要约和承诺两个阶段，通常由投保人向保险人提出保险申请，经与保险人协商，保险人同意承保而成立保险合同。在一般情况下，投保人就是要约人，保险人即是承诺人，如图3-1所示。

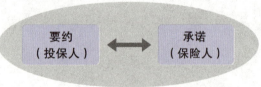

图3-1 汽车保险合同订立的两个阶段

1. 要约

要约是希望和他人订立合同的意思表示。该意思表示应当表明经受要约人承诺，要约人即受该意思表示约束。在保险合同中，一般以投保人提交填写好的投保单为要约，即被保险人向保险人提交要求订立保险合同的书面意思表示。当然，保险人也可以是要约人，如保险人接到投保人提交的已填好的投保单后，又向投保人提出某些附加条件，此时，保险人所做出的意思表示并不是完全接受投保人订立合同的意思表示，而是向投保人发出了新的意思表示，这在法律上被视为新的要约。在该情形下，保险人是新的要约人，投保人则为受要约人，如果投保人同意接受保险人提出的附加条件，则表明投保人接受保险人的新要约，至此，投保人便成为受要约人。

2. 承诺

承诺是受要约人同意要约的意思表示。通常保险人在接到投保人的投保单后，经核对、查勘及信用调查，确认一切符合承保条件时，签章承保，即为承诺，保险合同即告成立。承诺的方式可以是按法律规定向投保人签发保险单或保险凭证或暂保单，也可以是保险人直接在投保人递交的投保单上签章表示同意。但是，不应认为承诺人一定是保险人，如前所述，要约承诺是一个反复的过程，投保人与保险人对标准合同条款以外的内容可以进行协商。当双方当事人就合同的条款达成协议后，保险合同成立。其后，保险人应当及时向被保险人签发保险单或者其他保险凭证，并在保险单或者其他凭证中载明当事人双方约定的合同内容。

3. 合同成立

保险合同的双方当事人经过要约与承诺，意见达成一致，保险合同即成立。但是，保险合同成立并不意味着保险合同一定生效，保险合同的生效还必须符合法定生效要件或者履行一定的手续。除法律另有规定或合同另有约定外，保险合同的生效即为保险权利义务的开始。

二、汽车保险合同订立的流程

1. 填写投保单法

保险人为了业务上的需要，印好各种单证备用法。投保人提出保险要求，向保险人索取单证并如实、完整地填写其想得到相应保险险种的投保单。

2. 将投保单交付投保人

投保人在认可保险人设计的保险费率和保险条款的前提下，将保险单交付给保险人，便构成了要约。

3. 保险人承诺后合同成立

保险人经过对投保人填写的投保单进行必要的审核，没有其他疑问的，通常表示接受并在投保单上签章，构成承诺，合同成立。保险人应当及时向投保人签发保险单或者其他保险凭证，并在保险单或者其他保险凭证中载明当事人双方约定的合同内容。

三、汽车保险合同的生效

一般情况下，保险合同自投保人与保险人就合同的主要条款达成一致协议时成立。汽车保险合同采用书面形式，自双方当事人签字或盖章时成立。

保险合同的生效与成立的时间不一致。保险合同双方当事人可以对合同的效力约定附生效条件或附生效期限。

各家保险公司一般均以缴纳保险费作为保险合同生效的条件。投保人应当在保险合同成立时一次足额支付保险费；保险费未交清前发生的保险事故，保险人不承担赔偿责任。

保险合同的附生效期限，我国保险公司普遍推行"零时起保制"，把保险合同生效的时间放在合同成立日的次日零时。保险合同生效前发生的保险事故，保险人不承担赔偿责任。

四、汽车保险合同的无效

保险合同的无效是指当事人所签订的保险合同因不符合法律规定的生效条件而不产生法律的约束力。

1. 无效保险合同的特点

① 违法性，即违反法律；
② 自始无效性，即因其违法而自行为开始起便没有任何的法律效力；
③ 无效性无须考虑当事人是否主张，法院或仲裁机构可主动审查，确认合同无效。

2. 保险合同无效的原因

（1）合同主体不合格

主体不合格是指保险人、投保人、被保险人、受益人或保险代理人等资格不符合法律的规定。例如，投保人是无民事行为能力的或依法不能独立实施缔约行为的限制民事行为能力的自然人；保险人不具备法定条件，不是依法设立的；保险代理人没有保险代理资格或没有保险代理权。如果保险合同是由上述主体缔结，则合同无效。

（2）当事人意思表示不真实

缔约过程中，如果当事人中的任何一方以欺诈、胁迫或乘人之危的方式致使对方做出违背自己意愿的意思表示，均构成缔约中的意思表示不真实。在这里，欺诈是指行为人不履行如实告知的义务，故意隐瞒真实情况或者故意告知虚假情况，诱使对方做出错误意思表示的行为。如投保人在订立保险合同时，明知不存在风险却谎称有风险，明知风险已经发生而谎称没有发生等。胁迫是指一方当事人以给对方或与对方有关的人的人身、财产、名誉、荣誉造成损害为要挟，迫使对方同自己订立保险合同的行为。要挟是确定可能实现的行为，而且足以使对方违背自己的意志与其订立保险合同。

（3）客体不合法

投保人或被保险人对保险标的没有保险利益，则其订立的保险合同无效。

（4）内容不合法

如果投保人投保的风险是非法的，如违反国家利益和社会公共利益、违反法律强制性规定等均导致合同无效。

3. 无效保险合同的法律后果

保险合同的无效由人民法院或仲裁机构依法进行确认。保险合同无效的法律后果是导致合同根本不存在法律的约束力。但应当注意的是，保险合同的无效有两种情形：一是全部无效；二是部分无效。合同被确认全部无效的，其约定的全部权利义务自行为开始起均无约束力；合同被确认为部分无效、不影响其他部分效力的，其他部分依然有效。但是，如果保险合同被确认为部分无效，如果无效部分与有效部分相牵连，也就是说无效部分对有效部分的效力有影响，或者根据公平原则和诚实信用原则以及保险业惯例，如果继续保持有效部分的效力有失公平或者无实际意义，则应当认定合同全部无效。

案例一

2004年8月16日，陈某为车牌号为粤××××的汽车向保险公司投保了机动车损失保险、机动车第三者责任保险、全车盗抢险、玻璃单独破碎险、车上责任险、无过失责任险、基本险不计免赔特约险等，保险公司出具保险单，保险单上显示：被保险人、联系人、索赔权益人均是陈某，行驶证车主是××公司，车牌号是粤××××，新车购置价是580 000元，实际价值是270 000元。保险期限自2004年8月17日0时至2005年8月17日0时止。2005年7月17日，陈某驾驶的被保险车辆停放在某小区商铺前被盗，报警后未破案。陈某向保险公司就车辆被盗请求理赔，保险公司以陈某不是车辆的所有权人，对车辆不具有保险利益，保险合同无效为由拒赔。

案例分析：根据《保险法》第十条第二款的规定："投保人是指与保险人订立保险合同，并按照保险合同负有支付保险费义务的人。"保险单以及支付保险费的发票上显示，与保险公司签订保险单和支付保险费的人均是陈某，故投保人应认定是陈某。又根据《保险法》第十二条的规定："投保人对保险标的应当具有保险利益。投保人对保险标的不具有保险利益的，保险合同无效。保险利益是指投保人对保险标的具有的法律上承认的利益。"因案涉保险标的车牌号为粤××××汽车的所有权人是××公司，而不是投保人即陈某，故陈某对保险车辆不具有保险利益，保险合同应认定无效。但保险单上明确显示行驶证车主是××公司，支付保险费的人和被保险人均是陈某，可以推断保险公司在订立保险合同时知道陈某对保险车辆不具有保险利益，而保险公司仍旧与陈某订立保险合同，并收取保险费，故保险公司对保险合同无效具有过错，应承担相应责任。陈某不能举证证明是受保险公司欺诈、胁迫而订立的保险合同，亦存在过错。《中国人民共和国民法典》第一百五十七条规定："民事法律行为无效、被撤销或者确定不发生效力后，行为人因该行为取得的财产，应当予以返还；不能返还或者没有必要返还的，应当折价补偿。有过错的一方应当赔偿对方由此所受到的损失；各方都有过错的，应当各自承担相应的责任。法律另有规定的，依照其规定。"基于以上分析和公平原则，保险公司在承保期间对保险车辆发生事故已赔付金额不作退回，且应当退还陈某保险费。

五、汽车保险合同的变更

保险合同的变更是指在合同有效期内，基于一定的法律事实而改变合同内容或主体的法律行为，即订立的合同在履行过程中，由于某些情况的变化而对其内容进行的补充、修改或保单转让。

保险合同订立后，如内容有变动，投保人通常可以向保险人申请批改。凡保险合同内容的变更或修改，均须经保险人审批同意，酌情增加或减少保费，并出具批单或进行批注。变更保险合同的结果是产生新的权利和义务关系。

保险合同的变更通常包括合同内容的变更和合同主体的变更。

1. 保险合同的内容变更

保险合同的内容变更一般表现为：财产保险在主体不变的情况下保险合同中保险标的种类的变化、数量的增减、存放地点、保险险别、风险程度、保险责任、保险期限、保险费、保险金额等内容的变更；人身保险合同中被保险人职业、保险金额发生变化，等等。保险合同内容的变更都与保险人承担的风险密切相连。合同任何一方都有变更合同内容的权利，但必须征得对方的同意。因此，投保人只有提出变更申请，并经保险人审批同意、签发批单或对原保险单进行批注后才产生法律效力。《保险法》第二十条规定："在保险合同有效期内，投保人和保险人经协商同意，可以变更保险合同的有关内容。变更保险合同的，应当由保险人在原保险单或者其他保险凭证上批注或者附贴批单，或者由投保人和保险人订立变更的书面协议。"

保险合同内容的变更一般经过下列主要程序：投保人向保险人及时告知保险合同内容变更的情况；保险人进行审核，如果需增加保险费，则投保人应按规定补交，如果需减少保险费，则投保人可向保险人提出要求，无论保险费的增减或不变，均要求当事人取得一致意见；保险人签发批单或附加条款。上述程序使保险合同内容的变更完成，变更后的保险合同是确立保险当事人双方权利义务关系的依据。

2. 保险合同主体的变更

保险合同主体的变更亦称保险合同的转让，是指投保人或被保险人将保险合同中的权利和义务转让给他人的法律行为。其实质是合同主体的变更。保险合同的转让通常是由保险标的所有权的转移所引起的。但是，应当注意的是，财产保险标的所有权的转移并不一定导致合同的转让，因为标的所有权的转移与合同的转让是两种法律行为。在法律性质上，所有权的转移是物权行为，而合同的转让是债权债务关系的转让。保险标的所有权的转移取决于卖者和买者的意志，而保险合同的转让则主要取决于投保人或被保险人与合同受让人及保险人的意志。因此保险合同不能随着保险标的所有权的转移而自然发生转让。如果保险标的的所有权发生转移，而保险合同未作转让，则保险合同将因被保险人失去保险利益而失效；反之，如果通过一定的转让手续，则产生转让的效力。

根据《保险法》和《海商法》的规定，保险合同的转让需要考虑以下几个问题。

（1）转让和保险人的同意

保险合同的转让与保险人的同意密切相连，但是存在着两种状态：一是必须有保险人的同意；二是可以有保险人的同意。除货物运输保险合同和另有约定的合同以外，任何保险合同的转让均须经保险人的同意，因为一般保险合同的保险标的在保险期间始终在被保险人的控制与管理之下，被保险人的变化会引起风险的变化，从而引起保险人责任的变化。因此，为了维护保险人的利益，法律规定，一般保险合同的转让必须事先征得保险人的书面同意，保险合同方可继续有效，否则，保险合同自保险标的所有权转让之时起失效。

货物运输保险合同则不然，其保险合同的转让无须经保险人的同意，只要求被保险人在保险合同上背书即可发生转让。

（2）转让的方式

保险合同的转让，可以采取由被保险人在保险合同上背书或其他方式进行。按习惯做法，采用空白背书方式转让的保险合同，可以自由转让；采用记名背书方式转让的保险合同，则只有被背书人才能成为保险合同权利的受让人。

（3）转让的后果

在保险合同转让时，无论保险事故是否已发生，只要被保险人对保险标的仍具有保险利益，则保险合同均可有效转让。保险合同的受让人只能享有与原被保险人在保险合同下所享有的权利和义务。因为保险合同的转让只涉及投保人或被保险人的变更，并未变更保险合同的内容，没有变更原有的保险权利义务关系。

六、保险合同的争议

保险合同的争议是指保险合同当事人或关系人对合同条款的意思发生争议。对保险合同发生争议时，一是涉及对保险合同的解释，二是涉及争议处理方式。

1. 保险合同的解释原则

合同解释是指当对合同条款的意思发生歧义时，法院或者仲裁机构按照一定的方法和规则对其作出的确定性判断。《中华人民共和国民法典》第一百四十二条第一款规定："有相对人的意思表示的解释，应当按照所使用的词句，结合相关条款、行为的性质和目的、习惯以及诚信原则，确定意思表示的含义。"《中华人民共和国民法典》第四百六十六条规定："当事人对合同条款的理解有争议的，应当依据本法第一百四十二条第一款的规定，确定争议条款的含义。合同文本采用两种以上文字订立并约定具有同等效力的，对各文本使用的词句推定具有相同含义。各文本使用的词句不一致的，应当根据合同的相关条款、性质、目的以及诚信原则等予以解释。"

保险合同应遵循合同解释的原则有如下几种：

（1）文义解释

文义解释是按保险条款文字的通常含义解释，即保险合同中用词应按通用文字含义并结合上下文来解释。保险合同中的专业术语应按该行业通用的文字含义解释，同一合同出现的同一词的含义应该一致。当合同的某些内容产生争议而条款文字表达又很明确时，首先应按照条款文义进行解释，切不能主观臆测、牵强附会。如中国人民保险公司的《家庭财产保险》条款中承保危险之一"火灾"，是指在时间或空间上失去控制的燃烧所造成的灾害。构成火灾责任必须同时具备以下三个条件：有燃烧现象，即有热、有光、有火焰；偶然、意外发生的燃烧；燃烧失去控制并有蔓延扩大的趋势。而有的被保险人把平时用熨斗熨衣所造成的焦煳变质的损失也列为火灾事故要求赔偿。显然，按文义解释原则，就可以作出明确的判断。

(2)意图解释

意图解释即以当时订立保险合同的真实意图来解释合同。意图解释只适用于文义不清、用词混乱和含糊的情况。如果文字准确，意义毫不含糊，就应照字面意义解释。在实际工作中，应尽量避免使用意图解释，以防止意图解释过程中可能发生的主观性和片面性。

(3)解释应有利于非起草人

按照国际惯例，对于单方面起草的合同进行解释时，应遵循有利于非起草人的解释原则。由于多数保险合同的条款是由保险人事先拟定的，保险人在拟订保险条款时，对其自身利益应当进行了充分的考虑，而投保人只能同意或不同意接受保险条款，一般不能对条款进行修改。所以，因保险合同发生争议时，人民法院或者仲裁机关应当作有利于非起草人（投保人、被保险人或者受益人）的解释，以示公平。只有当保险合同条款模棱两可、语义含混不清或一词多义，而当事人的意图又无法判明时，才能采用该解释原则。所以，《保险法》第三十条规定："对于保险合同的条款，保险人与投保人、被保险人或者受益人有争议时，人民法院或者仲裁机关应当作出有利于被保险人和受益人的解释。"

(4)尊重保险惯例

保险业务有其特殊性，是一种专业性极强的业务。在长期的业务经营活动中，保险业产生了许多专业用语和行业习惯用语，这些用语的含义常常有别于一般的生活用语，并为世界各国保险经营者所接受和承认，成为国际保险市场上的行业用语。为此，在解释保险合同时，对某些条款所用词句，不仅要考虑该词句的一般含义，而且要考虑其在保险合同中的特殊含义。例如，在保险合同中，"暴雨"一词不是泛指"下得很大的雨"，而是指达到一定量标准的雨，即雨量每小时在16毫米以上，或24小时降水量大于50毫米的，方可构成保险业所称的"暴雨"。

2. 保险合同争议处理的方式

保险合同订立以后，双方当事人在履行合同的过程中，围绕理赔、追偿、交费以及责任归属等问题容易产生争议。因此，采用适当方式，公平合理地处理，直接影响到双方的权益。《中华人民共和国民法典》规定，对合同的条款发生争议的，如果合同有约定的，按合同约定处理；如果没有约定的，当事人可以协商处理；协商不成的，可以向法院起诉。据此，对保险业务中发生的争议，可采取和解、调解、仲裁和司法诉讼四种方式来处理。

(1)和解

这是指在争议发生后由当事人双方在平等、互利谅解的基础上通过对争议事项的协商，互相作出一定的让步，取得共识，形成双方都可以接受的协议，以消除纠纷，保证合同履行。

(2)调解

这是指在第三人主持下根据自愿、合法原则,在双方当事人明辨是非、分清责任的基础上,促使双方互谅互让,达成和解协议,以便合同得到履行。

(3)仲裁

这是指争议双方在争议发生之前或在争议发生之后达成协议,自愿将争议交给第三者即仲裁机构作出裁决,双方有义务执行仲裁裁决。

(4)诉讼

这是指合同当事人的任何一方按照民事法律诉讼程序向法院对另一方当事人提出权益主张,并要求法院予以裁判和保护。诉讼有民事诉讼、行政诉讼和刑事诉讼之分,保险合同争议的诉讼属于民事诉讼。保险合同的诉讼是指保险合同纠纷发生后,当事人一方按照民事诉讼程序向法院对另一方提出权益主张,由法院进行裁判。

七、保险合同的解除

投保人与保险人订立保险合同或在保险合同执行过程中,如果出现了某些特定情况,保险人、投保人或被保险人有权解除保险合同关系。

这些特定情况包含以下几方面内容:

① 投保人故意隐瞒事实,不履行如实告知义务的,或者因过失未履行如实告知义务,足以影响保险人决定是否同意承保或者提高保险费率的,保险人有权解除保险合同。投保人故意隐瞒事实,不履行如实告知义务,保险人不仅不承担保险合同解除之前的保险事故赔偿与给付责任,而且也不退还所交保险费。因过失造成未向保险人如实告知的,保险人同样不承担保险合同解除前发生保险事故的赔偿与给付责任,但可以退还所交保险费。因为故意隐瞒与过失行为对投保人而言,其主观意愿有显著区别。

② 投保人或被保险人未按照合同约定履行其对保险标的的安全应尽的责任,保险人有权解除保险合同。

③ 合同执行过程中,由于保险标的危险程度增加,被保险人应当及时通知保险人,否则,保险人有权解除保险合同。

④ 保险责任开始前,也就是说保险合同成立前,投保人可以要求解除合同。但是投保人应当向保险人支付手续费,保险人应当退还保险费。保险责任开始后,投保人也可以要求解除保险合同。不过,投保人应当支付自保险责任开始之日起至合同解除之日止期间的保险费,保险人退还投保人剩余保险费。

除了上述几种情形外,保险人在保险合同成立后,不能解除保险合同;投保人可以解除保险合同。但是在货物运输保险合同和运输工具航程保险合同中,保险责任开始后,保险人、被保险人均不能解除保险合同。

八、汽车保险合同的终止

保险合同的终止是保险合同成立后因法定的或约定的事由发生，法律效力消灭的法律事实。

导致保险合同终止的原因多种多样，主要有以下几个方面：

1. 自然终止

自然终止是指已生效的保险合同因发生法定或约定事由导致合同的法律效力不复存在的情况。这些情况通常包括：

① 保险合同期限届满；
② 合同生效后承保的风险消失；
③ 保险标的因非保险事故的发生而完全灭失；
合同生效后，投保人未按规定的程序将合同转让，使被保险人失去保险利益，保险合同自转让之日起原有的法律效力不再存在。

2. 履约终止

履约终止是指在保险合同的有效期内，约定的保险事故已发生，保险人按照保险合同承担了给付全部保险金的责任，保险合同即告结束。但是，船舶保险有特别规定，如果在保险合同有效期内船舶发生全部损失，一次保险事故的损失达到保险金额，则保险人按保险金额赔偿后，保险合同即告终止；如果在保险合同有效期内发生数次部分损失，由于每次损失的赔偿款均未超过保险金额，即使保险赔款累计总额已达到或超过保险金额，保险人仍须负责到保险合同期限届满才告合同终止。这是因为，为了保持继续航行的能力，船舶在发生事故后必须进行修理，所以在修理费用少于保险金额的情况下，保险人赔付后，保险合同中原保险金额继续有效，直到保险合同期限届满。

3. 合同解除

保险合同的解除是指保险合同期限尚未届满前，合同一方当事人依照法律或约定行使解除权，提前终止合同效力的法律行为。解除保险合同的法律后果集中表现在，保险合同的法律效力消失，回复到未订立合同以前的原有状态。因此，保险合同的解除具有溯及既往的效力，保险人一般要退还全部或部分保险费，并不承担相应的保险责任。

在保险合同终止的情形中，解除权是基础。解除权是法律赋予保险合同的当事人在合同成立之后，基于法定或约定事由解除合同的权利。解除权可以由保险人行使，也可由投保人行使（即退保）。解除权依合同一方当事人的意思表示即可行使，但是，当事人行使解除权，应当符合法律规定的条件。这些条件是：必须在可以解除的范围内行使解除权，必须存在解除的事由，必须以法律规定的方式解除，必须在时效期间内行使解除权。

保险合同的解除，一般分为法定解除和意志解除两种形式。

（1）法定解除

法定解除是指当法律规定的事项出现时，保险合同当事人一方可依法对保险合同行使解除权。法定解除的事项通常由法律直接规定。但是，不同的主体有不尽相同的法定解除事项。

对投保人而言，在保险责任开始前，可以对保险合同行使解除权，而在保险责任开始后，法律对投保人的解除权作出了两种不同的规定：对财产保险合同而言，投保人要求解除合同的，保险人可以收取自保险责任开始之日起至合同解除之日止期间的保险费，剩余部分退投保人。对人身保险合同而言，投保人解除合同，已交足两年以上保险费的，保险金应当退还保险单的现金价值；未交足两年保险费的，保险人按照约定在扣除手续费后，退还保险费。保险人只有在发生法律规定的解除事项时方有权解除合同。

根据《保险法》，法定解除事项主要有以下几项：

① 投保人、被保险人或者受益人违背诚实信用原则。包括投保人有故意隐瞒事实，不履行如实告知义务的，或者存在因过失未履行如实告知义务而足以影响保险人决定是否同意承保或者提高保险费率的行为；被保险人或者受益人在未发生保险事故的情况下，谎称发生了保险事故并向保险人提出赔偿或者给付保险金请求的，保险人有权解除合同；投保人、被保险人或者受益人有故意制造保险事故的行为，合同可被解除。在人身保险合同中，投保人有未如实申报被保险人的真实年龄的行为，并且被保险人的真实年龄不符合合同约定的年龄限制，保险人有合同解除权。但是，该解除权应当在合同成立的2年内行使。

② 投保人、被保险人未履行合同义务。在财产保险合同中，投保人、被保险人未按照约定履行其对保险标的的安全应尽的责任，保险人有权解除合同。

③ 被保险人危险增加通知义务的违反。在保险合同有效期内，保险标的的危险增加，被保险人有义务将保险标的的危险程度增加的情况通知保险人，保险人可根据具体情况要求增加保险费，或者在考虑其承保能力的情况下解除合同。

④ 在分期支付保险费的人身保险合同中，当未有另外约定时，投保人超过规定的期限60日未支付当期保险费的，导致保险合同中止。保险合同被中止后的2年内，双方当事人未就合同达成协议，保险人有权解除合同。

（2）意定解除

意定解除又称协议终止，是指保险合同双方当事人依合同约定，在合同有效期内发生约定情况时可随时解除保险合同。意定解除要求保险合同双方当事人应当在合同中约定解除的条件，一旦约定的条件成就，一方或双方当事人有权行使解除权，使合同的效力归于消灭。

案例二： 本案中保险合同是否有效订立？

原告刘某购买重型平板半挂车与牵引车，为经营需要，将车辆挂靠于某运输公司，并签订协议，约定车辆的实际所有人、营运控制人、营动收益人均为刘某；刘某借用公司企业代码证对车辆进行登记；在营运期间发生交通事故，引发的损失及赔偿责任由刘某承担，保险公司赔款归刘某所有。2006年，刘某与被告某保险公司签订机动车交通事故责任强制保险单并缴纳了保险费，被保险人为运输公司。同时，刘某还签订了两份商业保险单，约定：投保人和被保险人为刘某；车辆所有人为运输公司。之后，刘某雇佣的驾驶员发生交通事故，刘某赔偿各项费用3万余元。刘某赔偿后要求被告保险公司支付保险理赔款，双方发生争议，刘某遂诉至法院。被告保险公司则称车辆交强险是以运输公司名义投保，原告无权主张交强险。

案例分析： 本案关键在于原告是否有权要求被告承担交强险的保险责任。要解决这一争议，必须明确原、被告之间是否有效订立了保险合同。

▶ 保险合同：

● 保险合同是保险人（保险公司）和投保人（公民、法人）之间关于承担风险的一种民事协议。保险合同的有效订立，即意味着订立的保险合同对双方当事人产生法律约束力，当事人必须严格履行保险合同。保险合同的有效订立事实上包括两个方面：一是双方商定了保险合同的条款，即保险合同已经成立；二是保险合同对双方发生法律约束力，即保险合同生效。

● 保险合同在当事人通过要约和承诺的方式就保险事项达成意思一致时成立。依照我国《保险法》第十三条规定，保险合同的一般成立要件有三：其一，投保人提出保险要求；其二，保险人同意承保；其三，保险人与投保人就合同的条款达成协议。一般只要符合这三个要件，保险合同即告成立。本案中，交强险的被保险人虽是运输公司，但投保人是刘某，保险公司向刘某出具了保单，说明其接受了刘某的投保要求，而且在签订保险单后，不管是交强险还是商业险，投保费用均是原告交纳，因此原、被告之间成立了保险合同关系。

保险合同成立与生效是两个不同的概念，一般而言，保险合同的当事人在通过要约和承诺的方式就保险事项达成意思一致时即告成立；在符合法定要件的情况下，成立后即告生效，除非法律或合同另有规定。保险合同的生效涉及《保险法》中的一项重要原则即保险利益原则。我国《保险法》第11条第1、2款规定："投保人对保险标的应当具有保险利益。投保人对保险标的不具有保险利益的，保险合同无效。"可见，我国现行《保险法》将保险利益作为保险合同的一个效力要件。保险利益是指投保人对保险标的应具法律上承认的利益。投保人因保险标的的存在而获得利益，因保险标的的毁损而遭受不利后果。保险利益是保险合同的效力要件，也是获得保险补偿和赔偿的前提和条件。

本案中原告刘某要取得与被告建立合法有效保险关系的资格，必须满足《保险法》关于"对保险标的应当具有保险利益"的规定。保险利益应是合法的且能以金钱来衡量的具有经济价值的利益，它常借助法律上的财产权利的形式表现出来。从本案事实来看，商业保险单上虽注明运输公司是保险车辆的所有人，但根据挂靠协议，车辆的实际所有人、营运控制人、营运收益人均为刘某，运输公司只不过是刘某的挂靠单位，刘某才是保险车辆的实际所有人，所以刘某作为真正车主，因所有权而对保险车辆享有保险利益。即使从公示角度而言，因形式要件的欠缺，刘某对保险车辆不享有所有权，但保险车辆一直为其经营使用，运输公司也认可这一事实，说明刘某对保险车辆享有合法的占有权、使用权和收益权，基于这些权利，刘某对保险车辆也具有保险利益，如车辆发生保险事故受到损害，势必会影响刘某的实际利益。因此原、被告之间签订的保险合同合法、有效，应受法律保护，出险时，原告有权要求被告赔付保险金。

简答题

1. 汽车保险合同中的基本条款包括哪些内容?

2. 汽车保险合同的订立必须经过哪两个阶段?

3. 汽车保险合同订立要经过哪几个流程?

课题四 汽车保险原则

知识目标

1. 了解保险利益原则的定义、效用、种类。
2. 了解最大诚信原则的定义、内容及作用。
3. 了解近因原则的定义及内容。
4. 了解损失补偿原则的定义及内容。

能力目标

1. 能够将保险利益原则和最大诚信原则在保险活动中灵活运用。
2. 能够将近因原则和损失补偿原则在保险活动中灵活运用。

保险原则是体现保险法本质与精神的基本准则,是保险立法的依据,也是保险活动中必须遵循的准则。保险原则主要由保险利益原则、最大诚信原则、近因原则、损失补偿原则构成。汽车保险作为财产保险中的一种,在汽车保险业务运营过程中当然也要遵守这些保险的基本原则。

任务一 保险利益原则

一、保险利益原则的定义

保险利益原则是保险的基本原则,其本质内容是要求投保人必须对投保的标的具有保险利益。如果投保人以不具有保险利益的标的投保,保险人可单方面宣布合同无效,保险标的发生保险责任事故,被保险人不得因保险而获得不属于保险利益限度内的额外利益。而保险利益是指投保人对保险标的具有的法律上承认的利益。

二、保险利益原则的法律效用

保险利益原则的确定是为了通过法律防止保险活动成为一些人获得不正当利益的手段,从而确保保险活动可以发挥分散风险、减少损失的作用，因此保险利益原则的重要作用不可偏废。

保险利益原则具有以下三个方面的法律效用：

1. 排除投保人利用保险进行赌博的可能性

保险利益原则的使用可以有效防止和遏止投机行为的发生。保险合同是投机性合同（射幸合同），当事人义务的履行取决于机会的发生或是不发生，即保险金的给付以保险合同中约定的保险事故的发生为条件，具有一定的投机性，这与赌博相类似。如果允许不具有保险利益的人以他人的生命或是财产作为保险标的，以自己作为收益方进行投保，那么，一旦发生保险事故，他就不承担任何损失而获取远远超过保险费的保险给付，保险活动就完全成为投机赌博行为，而丧失了具有转移风险、减少损失的作用。受益方是保险赔偿金的接受者，对保险合同有直接的利益，如果不规定受益方须有保险利益，必然使得投机性大大增加。

2. 防止道德危险

保险利益原则的使用是防止道德危险的必备条件。道德危险是保险理论中的固有名词，是指被保险人为了索取保险人赔款而故意促使保险事故的发生或在保险事故发生时放任损失的扩大。受益方是保险金给付的直接承受者。如果保险合同不以受益方具有保险利益为前提，那么，为了获取保险赔偿，往往会出现故意破坏作为保险标的人或物的行为，从而导致道德危险。保险利益原则的使用较好地避免了这个问题。

3. 保险利益是保险人补偿保险标的损害的最高限额

保险事故发生时，受益方请求的损害赔偿额不得超过保险利益的金额或价值，若不坚持保险利益原则，受益方请求的损害赔偿额超过保险利益的金额或价值，也就是说获得和所受损失不相称的利益，这将损害保险人的合法利益，也将更深层次地否认或是减少保险活动的价值。

三、汽车保险利益的种类

1. 汽车所有权人对其所拥有的汽车具有保险利益

通常情况下，汽车所有权人对其所拥有的汽车进行投保，如汽车所有权人变更，保险利益随之转移，发生保险事故时，拥有保险利益者才具有保险赔偿请求权。

2. 汽车抵押权人对抵押的汽车具有保险利益

汽车抵押后，抵押人未丧失对汽车的所有权，抵押人对汽车仍具有保险利益。然而，抵押权人为实现自己的债权，对抵押物汽车也享有保险利益。若被抵押的汽车发生保险事故，导致全损，保险公司予以理赔后，抵押权人有获得保险赔偿金的权利。当然，如果保险的赔偿金大于抵押权人的债权数额，则多出部分归抵押人所有。

3. 汽车保管人对其保管的汽车具有保险利益

停车收费，车辆管理者对车辆具有妥善看管的义务。若因管理者看管不善，导致车辆损毁或丢失，其负有相应的赔偿责任，赔偿后管理者有权向保险人要求相应的保险赔偿金，因其对保管的车辆具有保险利益。

4. 汽车被保险人对第三者所负的经济赔偿责任具有保险利益

由于被保险人的过失行为或不当行为造成他人人身伤害或物质损失，被保险人依法应当负有经济赔偿责任，被保险人对该责任具有保险利益。

5. 合格驾驶者对其合法驾驶的车辆具有保险利益

非车主驾驶车辆，是车主允许的合格驾驶员，或汽车保险合同约定的驾驶员，在发生保险事故时，允许的合格驾驶员有权要求保险人理赔，因其对驾驶车辆具有保险利益。

案例一： 保险利益原则案例分析

陈先生将投保了机动车损失保险、机动车第三者责任保险、盗窃险的车辆转让给刘先生，并同时在车辆管理所办理了过户手续。在保险期间，刘先生驾驶该车与另一货车相撞，两事故车修理费分别为 2.9 万元和 3.5 万元。根据公安交警大队出具的道路交通事故责任书认定，刘先生负全部责任。刘先生出具车管所过户证明向保险公司提出索赔申请。保险公司以保险车辆已过户但未申请办理保险批改手续为由，拒绝赔付。

案例分析：

① 财产保险标的转让应当办理保险批改手续，否则，自保险标的转让之日起，保险合同无效。《保险法》第十四条规定："保险标的的转让应当通知保险人，经保险人同意继续承保后，依法变更合同。"在保险合同的有限期限内，保险车辆转卖、转让、赠送他人、变更用途或增加危险程度，被保险人应当事先书面通知保险人并申请办理批改，否则，保险人有权解除保险合同或者有权拒绝赔偿。本案中保险车辆已过户，但未到保险公司办理变更保险合同手续，车辆买卖双方违反了《保险法》的规定和保险合同的约定。因此。该保险车辆自转让之日起保险合同无效。

② 财产保险的保险利益必须在保险合同订立到损失发生时全过程中都存在。《保险法》第二十条规定："投保人对保险标的应当具有保险利益。投保人对保险标的不具有保险利益的，保险合同无效。"该法将投保人对保险标的具有保险利益作为保险合同生效的必要条件，但对保险利益的存续期间未做规定。本案的投保人（被保险人）在投保时具有保险利益，在保险合同有效期内，将保险车辆过户转让，车辆所有权发生转移。保险事故发生时，被保险人对该保险车辆不再具有保险利益。因此，该车辆保险合同自转让之日起因被保险人丧失保险利益而无效。

一、最大诚信原则的定义

最大诚信原则是指当事人真诚地向对方充分而准确地告知有关保险的所有重要事实，不允许存在任何虚报、欺瞒、隐瞒等行为。不仅在保险合同订立时要遵守此项原则，在整个合同有效期内和履行合同的过程中也要求当事人之间应具有最大诚信。

最大诚信原则的定义可表述为：保险合同当事人订立合同及合同有效期内，应依法向对方提供足以影响对方做出订约与履约决定的全部实质性重要事实，同时绝对信守合同订立的约定与承诺。否则，受到损害的一方，按民事立法规定可以此为由宣布合同无效，或解除合同，或不履行合同约定的义务或责任，甚至对因此受到的损害还可以要求对方予以赔偿。最大诚信原则的主要内容如图4-1所示。

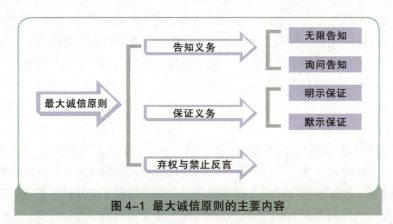

图4-1 最大诚信原则的主要内容

二、最大诚信原则的实行

为了使最大诚信原则得以贯彻和实行，保险合同及有关法律对投保人与被保险人规定了告知与保证的义务；对保险人有弃权和禁止反言的规定。

1. 告知义务

告知是指在订立保险合同的过程中，投保人对已知和应知的与保险标的及其风险程度有关的实质性重要事项如实向保险人所做的口头或书面陈述。由于保险标的的种类繁多，告知的内容各有不同，范围极其广泛，在保险业发展过程中产生了以下两种告知方式。

（1）无限告知

要求投保人将已知和应知的所有情况尽量告知保险人，不得保留。

（2）询问告知

又称主观告知，即对保险人询问的问题必须如实告知，对询问以外的问题，投保人没有义务告知。

2. 保证义务

保证是保险人要求投保人或被保险人在保险期间对某一事项的作为或不作为、某一事态的存在或不存在所做的担保或承诺。保证分为明示保证和默示保证。

（1）明示保证

明示保证是指以书面形式载明于保险合同中，以"被保险人义务"条款表达的一类保证事项。

（2）默示保证

默示保证是指虽未以条款形式列明，但是按照行业或国际惯例、有关法规以及社会公认的准则，投保人或被保险人应该作为或不作为的事项。

3. 弃权与禁止反言

①弃权是指合同一方出于某种目的以明示或默示表示放弃其在保险合同中可以主张的某种权利；
②禁止反言是指放弃权利的一方日后不得再向对方重新主张这种权利。

三、最大诚信原则的作用

保险是经营风险的行业，也是经营信用的行业。由于保险合同履行上的继续性，合同交易的结果不能立时显现；保险合同是射幸合同，在合同对价方面，投保人所支付的保险费与保险人支付的保险金存在着数额不对称的特点；在保险行业中，保险人须依赖大量的中介机构才得以维持正常营业。上述保险经营的特点，都显示了诚信对于保险市场的重要性。

最大诚信原则是保险法中最重要的基本原则之一，使用最大诚信原则及其所统领的具体规则，是对于保险市场诚信危机进行法律调整的重要手段。最大诚信原则，贯穿了保险交易的整个过程，在投保之前、保险合同缔结之时、保险合同履行的过程中，甚至在保险人理赔之后，保险交易的各方主体都须受最大诚信原则的制约。投保人、被保险人、保险人、受益人、保险代理人、保险经纪人、保险公估人等均应该履行相应的最大诚信义务。正确使用最大诚信原则，是在保险纠纷案件中判定各方权利义务关系的重要基础。

保险法中的最大诚信原则与民法诚信原则既存在联系，也存在区别；司法实践之中，一些审判机关或者仲裁机构往往将两者等同对待，以至于出现了最大诚信原则使用标准不一致的问题。只有准确辨识两者之间的关系，才能真正理解最大诚信原则。

四、坚持最大诚信原则的意义

① 在保险经济活动中将最大诚信原则作为重要原则加以强调，是因为保险人只能根据投保人的告知与陈述决定是否承保、如何承保及以何种费率承保等重大问题。

② 保险合同的内容是由保险人单方面制定的，投保人或被保险人难以了解并掌握条款的内容以及费率的合理性。因此，要求保险人基于最大诚信，履行其义务与责任。

③ 保险合同具有射幸的特征，合同双方当事人中任何一方不诚实、不守信的行为，都将导致合同无效。

总之，最大诚信原则是保证保险业务活动健康开展，并确保保险合同当事人双方利益得以实现的重要原则。

五、违反最大诚信原则的法律后果

1. 违反告知的法律后果

由于保险合同当事人双方均有告知的责任和义务，所以双方违反告知义务都将承担法律后果。

（1）投保人违反告知义务的法律后果

担保人或被保险人未履行或者违反告知义务的法律后果，如表4-1所示。

表4-1 投保人未履行或者违反告知义务的法律后果

	合同	保险费	保险责任
故障未告知	解除	不退	不承担
过失未告知	解除	可以退	不承担
谎称保险事故	解除	不退	不承担
故障制造保险事故	解除	一般不退	不承担
虚报保险事故	不解除	不退	虚报部分不承担

（2）保险人违反告知义务的法律后果

如果保险人在订立保险合同时未尽告知义务，如对免责条款没有明确说明，根据我国《保险法》第十七条的规定，未作明确说明的免责条款不产生效力。保险人如果在保险业务活动中隐瞒与保险合同有关的重要情况，欺骗投保人，或者拒不履行保险赔付义务，如构成犯罪的，将依法追究其刑事责任，如未构成犯罪的，由监管部门对保险人处以1万元以上5万元以下的罚款，对有关人员给予处分，并处以1万元以下的罚款。保险人若阻碍投保人履行告知义务，或诱导投保人不履行如实告知义务；或承诺给投保人以非法保险费回扣或其他利益，都将承担上述相同的法律后果。

2. 违反保证的法律后果

任何不遵守保证条款或保证约定、不信守合同约定的承诺或担保行为，均属于破坏保证。保险合同约定保证的事项为重要事项，是订立保险合同的条件和基础，投保人或被保险人必须遵守。各国立法对投保人或被保险人遵守保证事项的要求也极为严格，凡是投保人或被保险人违反保证，无论其是否有过失，也无论其是否对保险人造成损害，保险人均有权解除合同，不予以承担责任。对于保证的事项，无论故意或无意违反保证义务，对保险合同的影响是相同的，无意的破坏，不能构成投保人抗辩的理由；即使违反保证的事实更有利于投保人或被保险人，保险人仍可以违反保证为由使合同无效或解除合同。

与告知不同的是，保证是对某一特定事项的作为与不作为的承诺，而不是对整个保险合同的保证，因此，在某种情况下，违反保证条件只部分地损害了保险人的利益，保险人只应就违反保证部分拒绝承担保险赔偿责任。即当被保险人何时、何事违反保证，保险人即从何时开始，对此次的保证破坏额拒绝赔付，但并不一定完全解除保险合同。

但在下列情况下，保险人不得以被保险人违反保证为由使保险合同无效或解除保险合同。
一是环境变化使被保险人无法履行保证事项；二是因国家法律法规变更使被保险人不能履行保证事项；三是被保险人违反保证是由保险人事先弃权所致，或保险人发现违反保证仍保持沉默，也视为弃权。

案例二： 最大诚信原则案例分析

案情介绍：

某车主以一宝马轿车向某保险代理处投保机动车车辆保险。承保时，保险代理人误将该车以国产车计收保费，少收保费 482 元。保险公司发现这一情况后，通知投保人补缴保费，但遭投保人拒绝。无奈之下，保险公司单方面向投保人出具了保险批单，批注："如果出险，我司按比例赔偿。"合同有效期内，该车不幸出险，投保人向保险公司申请全额赔偿。

案例分析：

① 根据最大诚信原则，保险合同是最大诚信合同。如实告知、弃权、禁止反言是保险最大诚信原则的内容。
② 保险公司单方面出具保险批单不影响合同的履行。
③ 该合同自始至终具有法律约束力。
④ 保险公司不得因代理人承保错误推卸赔偿责任。
基于上述四点，本案应全额赔偿。

案例结论：

保险费率是保险代理人在业务操作中必须准确掌握的，保险代理人具有准确使用费率的义务。法律上，保险公司少收保费的损失应当由负有过错的保险代理人承担，不能因投保人少交保费而按比例赔偿。保险公司在收取补偿保费无结果的情况下，只能按照进口宝马车的全额赔付，而不是按比例赔付。否则，有违民事法律过错责任原则，使责任主体与损失承担主体错位。故本案只能按全额赔偿。

一、近因原则的定义

近因原则是为了明确事故与损失这之间的因果关系，认定保险责任而专门设立的一项基本原则。近因原则是必不可少的法律原则，它几乎为各国保险法所接受。

一、近因原则的定义

近因指保险事故发生过程中最直接而有效的原因，这个原因与保险标的实际损失之间存在着因果关系。近因不是指时间与空间上最近的原因，而是指有效原因，亦可阐述为造成保险标的损害的直接、有效、起决定性作用的危险因素或危险事故为近因，对损害起间接、次要作用的危险因素或危险事故为远因。当多种风险成为引起损失的原因时，判断其中哪一个为近因，国际上通常采用以下两种方法：

1. 顺推法

从最初事件开始，按照逻辑推理由该事件可能引起的一系列事件，如果最终事件恰恰是保险标的发生的损失，那么可以断定最初事件是损失的近因。

2. 逆推法

从保险事故的损失事件开始，按照逻辑推理造成这个损失的上一个事件，如此类推，直至推理出初始原因，若初始原因恰好属于保险合同中保险公司承保的范围，那么该原因为近因，保险人对损失作出赔偿。

二、近因原则的运用

1. 单一原因导致的损失

如果导致保险标的损失仅限一个原因，该原因即为近因，那么认定保险人是否承担保险责任，则取决于该致损原因是否属于保险合同约定的保险事故。如果是，则保险人应当承担保险责任；如果不是，则保险人不承担保险责任。

2. 多种原因导致的损失

如果是由于多种原因导致保险标的损失的，就应当从多种致损原因中确认处于支配地位、具有决定性作用的原因作为近因。多种原因导致的损失，从近因认定到保险责任的认定，可分为下述几种情况。

（1）多种原因同时并存发生

多种原因同时并存发生是指损失由多种原因造成，且这些原因几乎同时发生，无法区分时间上的先后顺序。如果损失的发生有同时存在的多种原因，且对损失都起决定性作用，则它们都是近因，但保险责任的认定应当区别对待。若致损的原因均属于保险合同约定的保险事故，则保险人应当承担全部保险责任；若致损的多种原因均属于责任免除，则保险人不承担保险责任；若致损的多种原因中，有的属于保险事故，有的属于责任免除，则保险人对于可以区分责任范围的，仅承担保险责任范围内的赔偿责任，而不能区分责任范围的，双方协商赔付范围。同时并存的多种原因如图4-2所示。

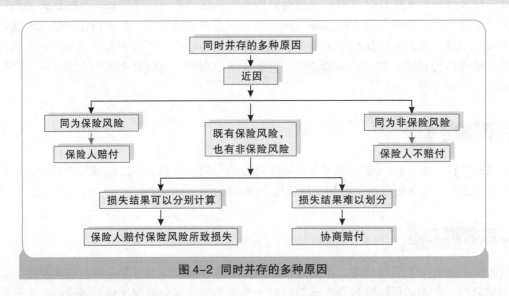

图4-2 同时并存的多种原因

（2）多种原因连续发生

多种原因连续发生是指损失是由若干个连续发生的原因造成的，且各原因之间的因果关系没有中断。如果损失的发生是由具有因果关系的连续事故所致，则最先发生并造成一连串风险事故的原因就是近因，但保险责任的认定应当区别对待。若连续发生损失的多种原因均属于保险责任，则保险人应当承担全部保险责任；若连续发生导致损失的多种原因属于责任免除范围，则保险人不承担保险责任；若连续发生导致损失的多种原因不全属于保险责任，最先发生的原因属于保险责任，后因属于责任免除，则近因属于保险责任，保险人应当承担全部保险责任；若最先发生的原因属于责任免除，其后发生的原因属于保险责任，近因则是责任免除，保险人不承担保险责任，如图4-3所示。

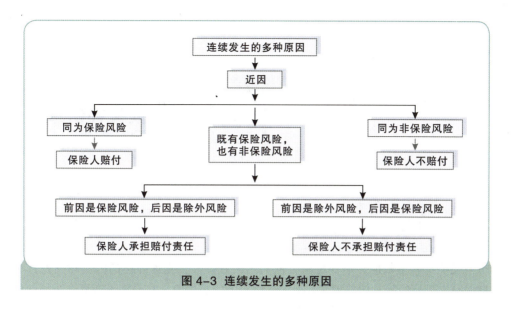

图 4-3 连续发生的多种原因

（3）多种原因间断发生

多种原因间断发生是指在一连串发生的原因中，有一项新的独立的原因介入，并且成为导致损失的最直接、最有效的原因时，则该独立的新原因即为近因。若近因属于保险责任，则保险人应当承担全部保险责任；反之，则不承担保险责任。

案例三： 近因原则案例分析

2008 年 3 月 21 日，某先生驾驶其投有全保的马自达 M6 轿车，在交叉口因躲避行人撞到路边树上。汽车保险杠损伤，事故并不大，但因此而产生的空调爆炸却造成了近 3 万元的损失。保险公司认为空调爆炸是保险除外责任，不予赔偿。双方发生纠纷。

案例分析：

经过查勘和调阅该车的维修资料，发现事故的原委。因该车空调在冷凝器和高压管接头处有一非常微小的泄漏处，致使该车空调连续三年因缺少制冷剂，空调不制冷，需要加注制冷剂恢复空调制冷效果，而一直没有排除制冷剂泄漏的原因。碰撞导致制冷剂泄漏量增加，在大气压力下，制冷剂 R-134a 的浓度达到 60% 而发生爆炸，造成了更大的损失。制冷剂泄漏是空调爆炸的直接原因，起决定作用的是碰撞，如果没碰撞，泄漏量就不会达到爆炸极限。从近因原则分析，空调爆炸事故属于保险责任。保险公司应进行赔偿。

一、损失补偿原则的定义

这是指当发生保险事故时，按照保险合同约定的条件，根据保险标的的实际损失，在保险金额以内对被保险人进行经济补偿的原则。损失补偿只能使被保险人在经济上恢复到受损前的状态，而不允许被保险人通过额外索赔获得经济利益。

1. 损失补偿原则的限度

（1）补偿以保险金额为限

当发生保险事故时，补偿必须在保险人的责任范围内进行，即保险人只有在保险合同规定的期限内，以约定的保险金额为限，对合同中约定的保险事故所致损失进行补偿。

（2）补偿以实际损失为限

当发生保险事故时，按照保险合同规定，保险人的补偿以被保险人所遭受的实际损失为限，不能超过被保险人的实际损失，被保险人不能通过保险获得额外利益。

（3）补偿以保险利益为限

当发生保险事故时，补偿应当以保险利益为限。保险利益是被保险人向保险人索赔的基本依据，因此，实施补偿原则的第三个限度就是以保险利益为限。

2. 损失补偿的范围

损失补偿的范围包括实际损失、合理费用和其他费用。实际损失是指通过计算受损财产的实际现金价值计算的损失，包括直接损失和间接损失，补偿损失的最高金额以保险金额为限。合理费用主要是指被保险人合理的施救费用和诉讼费用等。其他费用主要是指为确定保险责任范围内的损失所支付的检验、估价等费用。

二、损失补偿原则的派生原则——代位原则

1. 代位原则的定义

代位原则是指保险人依照法律或保险合同约定,对被保险人遭受的损失进行赔偿后,依法取得向对财产损失负有责任的第三者进行追偿的权利,或者取得被保险人对保险标的的所有权,包括代位求偿和物上代位。

2. 代位原则的作用

① 防止被保险人因同一损失而获得超额赔偿,即避免被保险人获得双重利益。如果保险标的损失是第三者的疏忽、过失或故意行为造成的,而且属于保险人承保的责任范围,那么被保险人既可按照法律向第三者要求赔偿,也可以按照保险合同的规定向保险人提出赔偿。这样,被保险人获得的赔偿就有可能超过其实际损失额,获得额外利益,而违背损失补偿原则。同样,在保险标的发生保险事故导致实际全损或推定全损,保险人全额赔付后,如果允许被保险人处理保险标的的剩余物资或保险标的被找回后,那么被保险人所得到的利益也将超出其实际损失,获得额外利益。

② 维护社会公共利益,保障公民、法人的合法权益不受侵害。社会公共利益要求责任人对其因疏忽或过失而对他人造成的损失承担经济赔偿责任。如果因为被保险人从保险人处获得了赔偿就不再追究责任人的经济赔偿责任,将会使责任人获益,保险人受到损害,不符合公平原则;还会增加道德危险,容易造成他人对被保险人的故意或过失伤害行为的发生。通过代位,使责任人无论如何都要承担损害的经济赔偿责任,也使保险人可以通过代位追偿从责任人处追回所支付的保险赔款,维护保险人的合法权益。

③ 有利于被保险人及时获得经济补偿,尽快恢复正常的生产和生活。通过被保险人或受害人向责任人索赔比向保险人索赔所需要花费的时间、物力和人力会更多。通过代位,会尽快使被保险人恢复到保险事故发生前的经济水平,而不必直接向责任方进行索赔。

3. 代位原则的类别

(1) 代位求偿

1) 代位求偿的定义

代位求偿是指保险标的遭受保险事故损失而依法应由第三者承担赔偿责任时,保险人在支付了保险赔款后,在赔偿金额的限度内相应取得对第三者的索赔权利。

2）代位求偿的条件

- 保险标的所遭受的风险必须属于保险责任范围。
- 保险事故的发生应由第三者承担责任。
- 被保险人要求第三者赔偿。这既是保险人赔偿的条件，也是代位的条件。
- 保险人必须事先向被保险人履行赔偿责任。
- 保险人只能在赔偿金额限度内行使代位求偿权。若保险人向第三者实际取得的赔偿金额大于赔偿给被保险人的金额，则保险人必须将超过部分的金额退给被保险人。这是代位求偿的权限。

3）代位求偿的适用范围

代位求偿权只适用于财产保险，而不适用于人身保险。因为财产保险的保险价值是可以确定的，财产保险合同是补偿合同。按照损失补偿原则，财产保险的保险标的发生保险事故时，被保险人只能得到补偿，而不能获得双重赔偿。而人身保险的保险金额是保险当事人双方约定的，其保险价值无法衡量，只存在保险金的给付，而财产保险的保险价值是可以确定的。

（2）物上代位

物上代位的定义

物上代位是指保险标的因遭受保险事故而发生全损时，保险人在全额支付保险赔偿金后，依法拥有对该保险标的物的所有权，即代位取得受损保险标的物的一切权利。

《保险法》第四十三条规定："保险事故发生后，受损保险标的的全部权利归于保险人；保险金额低于保险价值的，保险人按照保险金额与保险价值的比例取得受损保险标的的部分权利。"

物上代位一般产生于对保险标的作推定全损的处理。所谓推定全损，是指保险标的遭受保险事故尚未达到完全损毁或完全灭失的状态，但实际全损已经不可避免，或者修复费用将超过保险价值，或者失踪达一定时间，保险人按照全损处理的一种推定性的损失，由于推定全损是保险标的并未完全损毁或灭失，即还有残值，而失踪可能是被他人非法占有，并非物质上的灭失，日后或许能够得到索还，所以保险人在按全损支付保险赔款后，理应取得保险标的的所有权，否则被保险人就可能因此而获得额外的收益。

（3）代位求偿与物上代位的区别

① 代位求偿的保险标的的损失是由第三者责任引起的。
② 代位求偿取得的是追偿权，而物上代位取得的是所有权。在物上代位中，保险人取得了对保险标的的所有权和义务。

案例四： 代位求偿权案例分析

案例介绍：

某有限公司将其合法购进的"奔驰"轿车向保险公司投保了机动车辆综合险，保险期限为一年。保险期限内，该车被盗，此后不久，个体户王某买到此车。但被某工商行政管理局公平交易局没收，原因是王某提供不出购买该车的合法手续证明。事故发生后，原车主依合同条款获得85万元赔偿金。同时，保险公司取得前者的《权益转让书》，代位行使被保险人的一切追偿权利。一年后，案件未侦破，但保险公司获悉被盗车辆被某工商局没收，于是提供相关的凭证证明，要求工商局返还该车，但遭到拒绝。保险公司随即将工商局诉讼至人民法院。

审理结果：

原告诉称： 我公司向被保险人赔偿保险金额后依法取得该车所有权及代位追偿权，该种权利并不因该车被盗或非法转让而改变。工商局在知道该车的合法所有者后，并在所有权拥有者提出返还要求时予以拒绝，此行为侵犯了原告的合法权益。依据《民法通则》及相关法律规定，被告应承担返还财产的责任。

被告辩称： 我局的处罚决定是针对没有提供合法手续的王某作出的，王某既没有申请复议，又没有提起行政诉讼，说明我们的行政处罚完全没错。本案尚未侦破，"奔驰"车不属于有关退赃规定的范畴，我局不能擅自退赃。至于原告的损失，应由盗车者承担，而不是我局。

法院认为，工商局依法作出的对"奔驰"车辆予以没收的处罚没有过错，被告不存在侵犯原告的合法权益。轿车失窃案尚未侦破，何人作案尚未查明，原告要求被告返还财产，没有法律依据。据此认定，法院判决原告败诉。

案例评析：

本案中，工商局没收轿车的行为是具有法律依据的，保险公司依法取得的代位求偿权也同样具有法律效力，受到法律保护。因此，本案的关键所在就是原告有没有对被告行使代位追偿的权利，这就牵涉到保险人行使代位求偿权时，是否会受到一定的约束的问题。在保险实务和保险法律关系中，保险人代位追偿权的行使和实现是以被代位的投保人与第三人之间的民事法律关系为基础的，保险人追偿的对象应是与投保人有民事法律关系的第三者。在本案中，窃车犯侵犯了投保人的财产所有权，保险公司因此而受到一定的损失。法律上，其行使代位求偿的对象应是造成其损失的第三者即窃车犯，保险公司无权要求工商局返还其财产。但是，本案侦破后，依照我国刑事法律的有关规定，对已查明的赃物，原则上应当退回给失主，只有在这种情况下，保险公司才可依法取得其合法的财产。

三、损失补偿原则的派生原则——分摊原则

1. 分摊原则的定义

分摊原则是指财产保险中发生重复保险情况下遵循的原则,重复保险是指投保人向两个或两个以上的保险人就同一标的的同一保险利益投保同一保险的行为。在重复保险的情况下,保险事故导致的保险标的的损失由各保险人分摊,各保险人承担的赔偿金额总和不超过保险价值,此为分摊原则。

2. 分摊方法

在实际运用中,保险人如何对损失后的赔款进行分摊的方法主要有以下三种:

(1) 独立责任制

所谓独立责任制,又称限额责任制,是按照各保险人独立承保时应付的赔偿金额作为基数加总,得出各保险人应分摊的比例,然后依此比例计算赔款的方法。即指各保险人按照单独赔付时应承担的最高责任,依比例来分摊损失赔偿责任的方法。

其公式为:

某保险人分摊的赔偿责任=(某保险人独立责任限额/所有保险人独立责任总额)×损失金额。

例如,某投保人对一批保险价值60万元的货物,分别向A、B两家保险公司投保货物运输保险,保险金额分别为40万元、60万元。保险事故发生时,若货物全部损失,损失金额60万元,两家保险公司的独立责任分别为40万元、60万元,则A保险公司赔偿金额为40/(40+60)×60=24(万元);B保险公司赔偿金额为60/(40+60)×60=36(万元)。两者赔偿之和正好等于损失金额60万元,符合补偿原则。若发生部分损失20万元,则两家保险公司的独立责任各为20万元,赔偿金额均为20/(20+20)×20=10(万元)。两者赔偿之和亦等于损失金额20万元,符合补偿原则。

(2) 比例责任制

所谓比例责任制,又称保险金额比例分摊制,是按照各保险人所承保的保险金额进行加总,得出各保险人应分摊的比例,然后依此比例计算赔款的方法。即指各保险人按照其保险金额,依比例分摊赔偿损失责任的方法。

其公式为:

某保险人分摊的赔偿责任=(某保险人承保的保险金额/所有保险人承担的保险金额)×损失金额。

沿用上例,某投保人对一批保险价值60万元的货物,分别向A、B两家保险公司投保货物运输保险,保险金额分别为40万元、60万元。保险事故发生时,若货物全部损失,损失金额为60万元,则A保险公司赔偿金额为40/(40+60)×60=24(万元);B保险公司赔偿金额为60/(40+60)×60=36(万元)。两者赔偿之和也等于损失金额20万元,符合补偿原则。

(3) 顺序责任制

所谓顺序责任制，是指按照各保险人出立保单的顺序来确定赔偿责任的方法，即指各保险人按照出单时间顺序赔偿损失责任的方法。先出单的公司在其保险限额内赔偿，后出单的公司只在其损失额超出前家公司的保险额时，再在其保险限额内赔偿超出部分，如果再有其他保险公司承包，那么依据时间顺序，按照此方法顺推下去。

沿用上例，某投保人对一批保险价值60万元的货物，分别向A、B两家保险公司投保货物运输保险，保险金额分别为40万元、60万元。保险事故发生时，若货物全部损失，损失金额为60万元。按照顺序责任制赔偿方法，则A保险公司赔偿金额为40万元，B保险公司赔偿金额为20万元，如果投保人还投保了C保险公司，则C保险公司可以不承担赔偿损失责任。

简答题

1. 保险利益原则具有哪三个方面的法律效用？

2. 弃权与禁止反言的含义是什么？

3. 判断近因，通常采用哪两种方法？

4. 损失补偿原则派生了哪两个原则？

课题五 汽车投保实务

知识目标

1. 了解汽车投保的定义。
2. 了解汽车投保的方式。
3. 熟悉汽车投保的流程。
4. 掌握汽车保险险种及具体内容。
5. 了解汽车保险的组合方案。

能力目标

1. 能够向客户介绍保险的险种及具体内容。
2. 能够帮助客户完成汽车投保。

任务一 汽车投保概述

一、汽车投保的定义

投保是指投保人向保险人表达签订合同意愿的过程。汽车保险合同采取要约与承诺的方式订立，即保险应包括投保和承保两个过程。要约又称为"订约提议"，是一方当事人向另一方当事人提出订立合同建议的法律行为，也是签订保险合同的一个重要程序。承诺又称为"接受订约提议"，是承诺人向要约人表示同意与其订立合同的意思表示。

因为保险合同的要约一般要求为书面形式，所以汽车保险的投保需要填写投保单。在汽车保险实务中，投保单由保险公司统一印制，投保人认可投保单上的保险条款所包括的内容后，将填好的投保单交给保险人，就完成了投保人向保险人提出的要约，所以在初次订立汽车保险合同的过程中，要约通常都是由投保人以投保单的书面形式提出，保险人接到投保单后逐项审核，认为符合投保条件而接受了要约，同意承保，在投保单上签章后并发出保险单以及其他的保险单证，就构成了承诺,同时也标志着汽车保险合同的成立。汽车保险的保险期限通常为一年,在保险期满续保时,保险人发出续保通知书,此时即为保险人向被保险人发出要约。如果被保险人愿意继续在同一保险人处投保并同意交纳保险费,就意味着被保险人接受承诺,新的保险合同成立。

二、汽车投保方式的选择

1. 购买汽车保险的渠道选择

(1)专业代理机构投保

专业代理机构是指主营业务为代卖保险公司的保险产品的保险代理公司,其优缺点及注意事项如表5-1所示。

表5-1 专业代理机构投保的优缺点及注意事项

优点	缺点	注意事项
① 专业代理机构一般提供多家保险公司的汽车保险产品,可为客户提供较多的产品设计方案。 ② 服务积极,能上门办理手续。 ③ 出险理赔时有人帮助	① 投保成本高。 ② 保险代理公司选择不当会有风险	购买保险时,要仔细挑选可靠的公司,验看公司许可证、代理合同、代理人资格证书

(2)兼业代理投保

兼业代理是指受保险人委托,在从事自身业务的同时,指定专人为保险人代办保险业务的单位。汽车保险中常见的兼业代理主要有汽车经销商(4S店)、汽车修理厂,其优缺点及注意事项如表5-2所示。

表5-2 兼业代理机构投保的优缺点及注意事项

优点	缺点	注意事项
保险与理赔可以一起办。加快了代理理赔的便捷性。且在维修质量、配件质量上都能得到保障	① 兼业代理代卖保险产品,相对不够专业。 ② 保费不一定便宜。 ③ 选择不当时会有风险	① 应选择实力强、品牌好的汽车经销商。 ② 代理商高度推荐的保单,可能是对代理商佣金最高的保单,不一定是最适合你的保单

(3)经纪人投保

经纪人是指基于投保人的利益,为投保人和保险人订立保险合同提供中介服务并依法收取佣金的保险经纪公司,其优缺点如表5-3所示。

表5-3 经纪人投保的优缺点

优点	缺点
①服务积极,能上门办理投保手续。 ②出险理赔时可以得到帮助	投保成本高,保险知识不够专业

(4)柜台投保

柜台投保是指亲自到保险公司的对外营业窗口投保,其优缺点如表5-4所示。

表 5-4　柜台投保的优缺点

优点	缺点
① 保单不会有假，投保最可靠。 ② 保费较便宜	如果保险公司没有给你指定客户经理，在投保或索赔时必须事事自己动手操作，既费时又麻烦

（5）电话投保

电话投保是指通过拨打保险公司的服务电话进行投保，其优缺点如表 5-5 所示。

表 5-5　电话投保的优缺点

优点	缺点
① 保费便宜。因为电话投保省去营销中间环节，保险公司把支付给中间人或中介机构的佣金直接让利给车主，所以对商业车险而言，通过电话营销方式，可根据不同车型，在最高 7 折优惠的基础上再优惠 15%。 ② 电话咨询可以解答各种问题并协助办理投保手续，且保单送上门，所以安全、周到、省事	① 不能面对面地和保险公司谈判。 ② 电话沟通有误导的可能

（6）网上投保

随着互联网的不断普及，人们的许多需求服务都可以通过网上订购得到满足。车主可以到各大保险的官网了解自己想要投保车险的相关内容。一些保险已经配备了完善的网上营销系统，可以网上直接填写保单，在线支付，还有在线客服答疑，网上咨询后，保险客服会主动联系。如果确定了意向，有专人上门服务，可以 POS 机支付、微信支付、支付宝支付或信用卡支付等多种支付方式。最重要的是不管采用什么途径的投保方式都无需纸质保单和寄送保单。因为 2020 年 9 月 19 日改革后的保险新规将全部采用电子保单形式发放。同时，网上投保费率会有优惠。但是，风险在于支付，千万不要进入钓鱼网站。而且收到保单后，一定要打保险客服电话，以防出假保单被骗。

2. 投保汽车保险公司的选择

如何选择适合自身要求的保险公司，牵涉到很多因素，可以说很难有好的又最适合自己的保险公司。要正确地选择，投保人在投保前应综合考虑保险公司的以下情况：

（1）了解保险公司的财务状况

投保人投保的目的是当保险合同约定的保险事故发生时，保险公司能补偿自己的经济损失，而保险公司的财务状况是否良好，决定着其偿付能力是否充足。因此，投保人应在投保前了解保险公司的财务状况。

（2）了解保险公司的服务

主要考虑保险公司的网点分布、售后服务、增值服务等。网点分布决定了投保、理赔的方便程度；售后服务包括业务人员是否热情周到、及时送达保险单、及时通报新产品、及时赔付、耐心听取并切实解决客户的投诉、注意与客户的沟通等；增值服务是提高公司形象的重要手段，也是其提供的延伸产品，如给客户提供在日常生活中享受消费、召开联谊会、对故障车辆免费施救、免费洗车等服务。

（3）了解保险条款的准确含义

保险条款是保险合同的组成部分，由保险公司单方面制定，因此投保人应详细了解条款的含义，确切知晓购买保险所保障的内容。由于保险条款使用了大量的专业术语，投保人可以就其不明白的地方询问保险服务顾问，保险服务顾问应据实回答。

（4）了解保险产品的内容

主要考虑其保险责任、免责事由、保险费用等。目前，保险公司非常注重车险产品品种的开发，车险产品的品种越来越丰富。面对不同的车险产品，投保人应根据自己的情况，挑选出适合自己的车险品种。挑选车险品种时，首先应注意所选择险种的保险责任和自己的风险是否对应，因为保险公司只负责赔偿保险责任范围内的损失；其次是考虑车险产品的价格，对投保人可根据保险公司提供的费率和各种优惠政策进行简单的费用计算，然后比较其价格高低，争取以较少的投入获得最大的保障。通常情况下，投保人选择当地实力较强的保险公司，这类保险公司的信誉和服务较好，不会出现收了保费而不承担保险责任的情形。并且这类保险公司能够提供较好的服务，给被保险人在索赔过程中省了不少时间和精力。

三、汽车投保流程

汽车投保流程如图 5-1 所示。

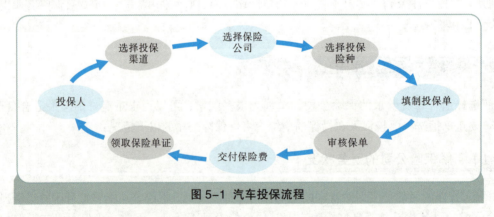

图 5-1 汽车投保流程

四、汽车投保注意事项

1. 注意审核代理人真伪

投保时要选择国家批准的保险公司及所属机构投保，不能只图省事，随便找一家保险代理机构投保，更不能被所谓的"高返还"所引诱，只求小利而上假代理人的当。

2. 不要重复投保

投保人不要以为汽车保险如同人寿保险一样，多保几份就能多得到赔款，这种观点显然是一个错误。财产保险的保险标的是财产，保险金额准确科学，投保财产的价值是多少就是多少，没有随意增减的余地。《保险法》第四十条规定："重复保险的车辆各保险人的赔偿金额的总和不得超过保险价值。"

3. 不要不足额投保

对于汽车保额的确定，明智的选择是足额投保，就是车辆实际价值多少就保多少，一旦出险造成全车损毁，可以得到足额赔付，消除后顾之忧。但有的人为省些保费，不足额投保。例如：一辆价值20万元的汽车，投保人只保10万元的保险金额。如此做法，可能省了点保费，但以后万一发生事故造成车辆损毁，肯定得不到足额赔付。《保险法》第三十九条规定："保险金额低于保险价值的，除合同另有约定处，保险人按照保险金额与保险价值的比例承担赔偿责任。"所以不足额投保，不能获得额外的利益。

4. 超额投保

这与不足额投保正好相反。例如：一辆价值10万元的汽车，投保人偏偏要超额投保，把保险金额定在20万元，错误地认为多花点钱就可以在车辆出事时"高额索赔"，实际上这是一厢情愿。《保险法》第三十九条规定："保险金额不得超过保险价值，超过保险价值的，超过部分无效。"

5. 险种没保全

汽车保险中除有机动车损失保险、机动车第三者责任保险（包括交强险和商业第三者责任险）和全车盗抢险这三类主险外，还有划痕险、车上人员责任险、车辆停驶险、不计免赔险、无过失责任险、自燃损失险、玻璃单独破碎险等一批附加险种，各险种有各自承担的责任范围，相互不可替代。所以，在选择险种时应该考虑周全，不能图省钱少保，以防一旦日后出事带来隐忧。

6. 不按时续保

汽车保险的保险期限普遍为一年。在投保后的一年中，如果发生保险事故，可以到保险公司索赔；假若没发生保险事故，就等于花钱保平安，第二年在原保险公司续保时能享受安全无事故的投保优待。如果不按期续保，在脱保这一段时间内，若发生事故，尽管过去一直入保，依照保险条款规定，仍然不能赔偿。

五、汽车保险投保单的填写

1. 投保单填写的目的

投保单是保险合同的组成部分，投保人必须如实填写（机动车辆保险投保单，如表5-6所示）。投保单是由保险人事先拟好，主要由投保人填写的资料，保险人之所以要求投保人填写投保单，主要有以下几个目的：

表 5-6 ××财产保险有限责任公司
机动车辆保险投保单

欢迎您到××财产保险有限责任公司投保！在您填写本投保单前，请先详细阅读《机动车交通事故责任强制保险条款》及我公司的机动车辆保险条款，阅读条款时请您特别注意各个条款中的保险责任、责任免除、投保人义务、被保险人义务等内容并听取保险人就条款（包括责任免除条款）所做的说明。您在充分理解条款后，再填写本投保单各项内容（请在需要选择的项目前的"□"内划"√"表示）。为了合理确定投保机动车的保险费，并保证您获得充足的保障，请您认真填写每个项目，确保内容的真实可靠。对您所填写的内容，我公司将为您保密。本投保单所填内容如有变动，请及时到我公司办理变更手续。

投保人名称/姓名				投保机动车数	辆	
联系人姓名		固定电话		移动电话		
投保人住所				邮政编码		
被保险人	□自然人姓名：		身份证号码			
	□法人或其他组织名称：					
	组织机构代码			职业		
	被保险人单位性质	□党政机关、团体 □事业单位 □军队（武警）□使（领）馆 □个体、私营企业 □其他				
	联系人姓名		固定电话		移动电话	
	被保险人住所				邮政编号	
投保机动车情况	被保险人与机动车的关系	□所有 □使用 □管理		行驶证车主		
	号牌号码			号牌底色	□蓝 □黑 □黄 □白 □白蓝 □其他颜色		
	厂牌型号			发动机号		
	VIN码				车架号	
	核定载客	人	核定载质量	千克	排量/功率	L/kW	整备质量	千克
	初次登记日期	年 月 日		已使用年限	年	年平均行驶里程	公里
	车身颜色	□黑色 □白色 □红色 □灰色 □蓝色 □黄色 □绿色 □紫色 □粉色 □棕色 □其它颜色					
	机动车种类	□客车 □货车 □客货两用车 □挂车 □低速货车和三轮汽车 □特种车（请填用途）：_____ □摩托车（不含侧三轮）□侧三轮 □兼用型拖拉机 □运输型拖拉机					
	机动车使用性质	□家庭自用 □非营业用（不含家庭自用）□出租\租赁 □城市公交 □公路客运 □营业性货运					
	上年是否在本公司投保商业机动车保险				□是 □否		
	行驶区域	□中国境内 □省内行驶 □场内行驶 □固定路线 具体路线：_____					
	是否为未还清贷款的车辆	□是 □否		上一年度交通违法纪录	□有 □无		
	上次赔款次数	□交强险赔款次数_____次 □商业机动车保险赔_____次					
投保主险条款名称							
指定驾驶员	姓名		驾驶证号码			初次领证日期	
驾驶人员1		□□□□□□□□□□□□□□□□□□					
驾驶人员2		□□□□□□□□□□□□□□□□□□					
保险期间		年 月 日零时起至 年 月 日二十四时止					
投保险种			保险金额/责任限额/元		保险费/元		备注

续表

	□机动车损失险，新车购置价_____元				
□车上人员责任险	驾驶_____人		万·人·次		
	乘客人数_____人		万·人·次		
	乘客人数_____人		人·次		
	□全车盗抢险				
□附加玻璃单独破碎险		□国产玻璃			
		□进口玻璃			
	□附加车身划痕险				
□附加不计免赔率特约	适用险种	□机动车损失险			
		□第三者责任险			
		□车上人员责任险			
		□全车盗抢险			
		□车身划痕险			
	□附加可选免赔额特约		免赔金额：		
保险费合计（人民币大写）				（¥　　元）	
特别约定					
保险合同争议解决方式选择		□诉讼　　□提交_____仲裁委员会仲裁			

投保人声明：保险人已将投保险种对应的保险条款（包括责任免除部分）向本人作了明确说明，本人已充分理解；上述所填写的内容均属实，同意以此投保单作为订立保险合同的依据。

投保人签名/签章：

_____年_____月_____日

验车验证情况	□已验车　□已验证　查验人员签名：_____年_____月_____日_____时_____分		
初审情况	业务来源：□直接业务　□个人代理　□专业代理　□兼业代理　□经纪人　□网上业务　□电话业务	复核意见	
	代理(经纪)人名称：		
	上年度是否在本公司承保：□是　□否		
	业务员签字：　　　　年　　月　　日		复核人签字：　　　年　　月　　日
注：阴影部分内容由保险公司业务人员填写			

机动车辆保险《投保须知》回执

××财产保险有限责任公司：

　　本人（单位）已对保险人所提供之投保须知内容，有保险条款、费率、责任免除、加退保规定、投保人和被保险人的义务等事项，经由说明已充分理解。本人（单位）将据实按照投保须知内容及要求，提供真实、合法、齐全的投保数据，并配合保险人办理投保手续。

被保险人（或代理人）签名/签章：

_____年_____月_____日

目的一：

确定投保人，判断其资格，看是否对保险车辆及相关责任具有可保利益。

目的二：

确定缴纳保险费的义务人，通常情况下，投保人是缴费义务人。

目的三：

确定被保险人，被保险人是享有保险金请求权的人。

目的四：

以书面形式表明向投保人履行了如实告知义务。

目的五：

为客户提供后续增值服务。

2. 投保单的内容

投保单的内容由投保人和被保险人情况、驾驶员情况、投保车辆情况、投保险种及期限、保险金额、保费、投保人签章、特别约定、解决争议的方式选择、投保人声明、验车验证情况等组成。

（1）投保人和被保险人情况

投保人和被保险人情况包括其姓名或名称、地址等。在汽车保险合同中，已经明确该内容是汽车保险合同的主要条款之一，姓名或名称可以确定投保人和被保险人是否具有投保或被保险的资格。投保人是保险合同不可缺少的当事人，投保人除应当具有相应权利能力和行为能力外，对保险标的必须具有保险利益。因此，投保人若是自然人，应当在投保单上填写自己的姓名，姓名与身份证上的一致；若是单位，应写明单位的全称，并与其公章名称一致，以便保险人核实其资格，避免出现保险纠纷。另外，姓名、名称应与车辆行驶证载明的信息相符合，使用人或所有人称谓与行驶证不符或者车辆是合伙购买经营的，应在投保单上规定位置注明。

被保险人须是保险事故发生时遭受损失的人。因此，投保单上须注明被保险人的姓名或名称。对于投保人与被保险人地址，投保单上需要填写投保人与被保险人的详细地址、邮编、电话及联系人，以便于联系和作为确定保险费率的参考因素。这是因为，通常情况下，保险人需要核保，并且合同生效后保险人需定期或不定期地向客户调研自身的服务质量或通知被保险人有关信息。不同地区汽车保有量、道路状况、治安状况不同，危险因素也就不一样，保费也会随之不同。

（2）投保车辆情况

投保车辆情况填写主要包括车辆本身资料和车辆使用性质两种情况。

1）车辆本身资料

包括号牌号码、厂牌型号、发动机型号、VIN码、车架号、车辆种类、座位/吨位、车辆颜色、初次登记年月等内容。值得注意的是，填写车辆号牌号码、车辆种类，应与行驶证号牌号码和车辆种类一致，并且对于车辆的种类，应参考保险公司对车辆种类的划分标准。发动机型号和车架号是生产商在发动机和车架上打印的号码，可根据车辆行驶证填写，车架号也可以用VIN码代替。座位/吨位的填写根据行驶证注明的座位和吨位填写。客车填座位，货车填吨位，客货两用车填写座位和吨位。车辆颜色的填写应与车辆行驶证上的车辆照片颜色一致。初次登记年月是用来确定车龄的，该项的重要性体现在初次登记年月是理赔时确定保险车辆实际价值的重要依据，所以应按照车辆行驶证上的"登记日期"填写。

2）车辆使用性质

汽车的使用性质分为营业与非营业两类。营业车辆是指从事社会运输并收取运费的车辆；非营业车辆是指各级党政机关、社会团体、企事业单位自用的车辆，或仅用于个人及家庭生活的车辆。

（3）驾驶员情况

驾驶员情况填写要求如下：

① 不指定驾驶人的，不用填写；
② 若指定驾驶人，可以指定一名，也可指定不超过3名的多人；
③ 指定驾驶人的姓名、性别、年龄、初次领证日期、驾驶证号等信息根据机动车驾驶证的信息填写。

通常情况下，若指定了驾驶人，但不是指定驾驶人使用车辆出险，保险公司将增加一定的免赔率。

（4）投保险种及期限

汽车保险应分险种列明，如机动车损失保险、机动车第三者责任保险、车上人员责任险、盗抢险、附加险等。列明的目的是确定投保险种，确定保险金额或者责任限额。保险期间通常为一年，也可根据实际情况选择短期保险，短期保险费由年保险费乘以短期月费率系数确定。

（5）特别约定

对保险合同的未尽事宜，投保人和保险人协商后，在特别约定处注明。特别约定处填写的要求不得与法律法规相抵触，否则无效。投保单和保险单特别约定的内容要一致，并且在投保时向客户如实告知。

（6）解决争议方式选择

争议处理方式分为仲裁和诉讼两种，投保人根据要求选择相应的方式即可。

（7）投保人声明

该项内容的含义是投保人声明投保单各项内容填写属实，核对无误；投保人声明对条款内容特别是责任免除和投保人、被保险人义务无异议；投保人同意投保，完成合同的要约步骤。最后要求投保人在"投保人签章"处签章，并填写日期。

（8）验车验证情况（标的初审）

初审合格后，查验人员要写明验车或者验证情况，并签名，复核人应签发意见并签名。验车验证合格是完成合同是否承诺的必要步骤。

任务二 汽车保险险种概述

一、交强险

机动车交通事故责任强制保险（简称：交强险）是我国首个由国家法律规定实行的强制保险制度。

《机动车交通事故责任强制保险条例》规定：交强险是由保险公司对被保险机动车发生道路交通事故造成受害人（不包括本车人员和被保险人）的人身伤亡、财产损失，在责任限额内予以赔偿的强制性责任保险。

二、交强险条款

2020版《机动车交通事故责任强制保险条款》

1. 总则

第一条：根据《中华人民共和国道路交通安全法》《中华人民共和国保险法》《机动车交通事故责任强制保险条例》等法律、行政法规，制定本条款。

第二条：机动车交通事故责任强制保险（以下简称交强险）合同由本条款与投保单、保险单、批单和特别约定共同组成。凡与交强险合同有关的约定，都应当采用书面形式。

第三条：交强险费率实行与被保险机动车道路交通安全违法行为、交通事故记录相联系的浮动机制。

签订交强险合同时，投保人应当一次支付全部保险费。保险费按照中国银行保险监督管理委员会（以下简称银保监会）批准的交强险费率计算。

2. 定义

第四条：交强险合同中的被保险人是指投保人及其允许的合法驾驶人。

投保人是指与保险人订立交强险合同，并按照合同负有支付保险费义务的机动车的所有人、管理人。

第五条：交强险合同中的受害人是指因被保险机动车发生交通事故遭受人身伤亡或者财产损失的人，但不包括被保险机动车本车车上人员、被保险人。

第六条：交强险合同中的责任限额是指被保险机动车发生交通事故，保险人对每次保险事故所有受害人的人身伤亡和财产损失所承担的最高赔偿金额。责任限额分为死亡伤残赔偿限额、医疗费用赔偿限额、财产损失赔偿限额以及被保险人在道路交通事故中无责任的赔偿限额。其中无责任的赔偿限额分为无责任死亡伤残赔偿限额、无责任医疗费用赔偿限额以及无责任财产损失赔偿限额。

第七条：交强险合同中的抢救费用是指被保险机动车发生交通事故导致受害人受伤时，医疗机构对生命体征不平稳和虽然生命体征平稳但如果不采取处理措施会产生生命危险，或者导致残疾、器官功能障碍，或者导致病程明显延长的受害人，参照国务院卫生主管部门组织制定的交通事故人员创伤临床诊疗指南和国家基本医疗保险标准，采取必要的处理措施所发生的医疗费用。

3. 保险责任

第八条：在中华人民共和国境内（不含港、澳、台地区），被保险人在使用被保险机动车过程中发生交通事故，致使受害人遭受人身伤亡或者财产损失，依法应当由被保险人承担的损害赔偿责任，保险人按照交强险合同的约定对每次事故在下列赔偿限额内负责赔偿：

（1）死亡伤残赔偿限额为180 000元；

（2）医疗费用赔偿限额为18 000元；

（3）财产损失赔偿限额为2 000元；

（4）被保险人无责任时，无责任死亡伤残赔偿限额为18 000元；无责任医疗费用赔偿限额为1 800元；无责任财产损失赔偿限额为100元。

死亡伤残赔偿限额和无责任死亡伤残赔偿限额项下负责赔偿丧葬费、死亡补偿费、受害人亲属办理丧葬事宜支出的交通费用、残疾赔偿金、残疾辅助器具费、护理费、康复费、交通费、被扶养人生活费、住宿费、误工费，被保险人依照法院判决或者调解承担的精神损害抚慰金。

医疗费用赔偿限额和无责任医疗费用赔偿限额项下负责赔偿医药费、诊疗费、住院费、住院伙食补助费，必要的、合理的后续治疗费、整容费、营养费。

4. 垫付与追偿

第九条：被保险机动车在本条（1）至（4）之一的情形下发生交通事故，造成受害人受伤需要抢救的，保险人在接到公安机关交通管理部门的书面通知和医疗机构出具的抢救费用清单后，按照国务院卫生主管部门组织制定的交通事故人员创伤临床诊疗指南和国家基本医疗保险标准进行核实。对于符合规定的抢救费用，保险人在医疗费用赔偿限额内垫付。被保险人在交通事故中无责任的，保险人在无责任医疗费用赔偿限额内垫付。对于其他损失和费用，保险人不负责垫付和赔偿。

（1）驾驶人未取得驾驶资格的；

（2）驾驶人醉酒的；

（3）被保险机动车被盗抢期间肇事的；

（4）被保险人故意制造交通事故的。

对于垫付的抢救费用，保险人有权向致害人追偿。

5. 责任免除

第十条：下列损失和费用，交强险不负责赔偿和垫付：
（1）因受害人故意造成的交通事故的损失；
（2）被保险人所有的财产及被保险机动车上的财产遭受的损失；
（3）被保险机动车发生交通事故，致使受害人停业、停驶、停电、停水、停气、停产、通讯或者网络中断、数据丢失、电压变化等造成的损失以及受害人财产因市场价格变动造成的贬值、修理后因价值降低造成的损失等其他各种间接损失；
（4）因交通事故产生的仲裁或者诉讼费用以及其他相关费用。

6. 保险期间

第十一条：除国家法律、行政法规另有规定外，交强险合同的保险期间为一年，以保险单载明的起止时间为准。

7. 投保人、被保险人义务

第十二条：投保人投保时，应当如实填写投保单，向保险人如实告知重要事项，并提供被保险机动车的行驶证和驾驶证复印件。重要事项包括机动车的种类、厂牌型号、识别代码、号牌号码、使用性质和机动车所有人或者管理人的姓名（名称）、性别、年龄、住所、身份证或者驾驶证号码（统一社会信用代码）、续保前该机动车发生事故的情况以及银保监会规定的其他事项。

投保人未如实告知重要事项，对保险费计算有影响的，保险人按照保单年度重新核定保险费计收。

第十三条：签订交强险合同时，投保人不得在保险条款和保险费率之外，向保险人提出附加其他条件的要求。

第十四条：投保人续保的，应当提供被保险机动车上一年度交强险的保险单。

第十五条：在保险合同有效期内，被保险机动车因改装、加装、使用性质改变等导致危险程度增加的，被保险人应当及时通知保险人，并办理批改手续。否则，保险人按照保单年度重新核定保险费计收。

第十六条：被保险机动车发生交通事故，被保险人应当及时采取合理、必要的施救和保护措施，并在事故发生后及时通知保险人。

第十七条：发生保险事故后，被保险人应当积极协助保险人进行现场查勘和事故调查。

发生与保险赔偿有关的仲裁或者诉讼时，被保险人应当及时书面通知保险人。

8. 赔偿处理

第十八条：被保险机动车发生交通事故的，由被保险人向保险人申请赔偿保险金。被保险人索赔时，应当向保险人提供以下材料：
（1）交强险的保险单；
（2）被保险人出具的索赔申请书；
（3）被保险人和受害人的有效身份证明、被保险机动车行驶证和驾驶人的驾驶证；

（4）公安机关交通管理部门出具的事故证明，或者人民法院等机构出具的有关法律文书及其他证明；

（5）被保险人根据有关法律法规规定选择自行协商方式处理交通事故的，应当提供依照《交通事故处理程序规定》规定的记录交通事故情况的协议书；

（6）受害人财产损失程度证明、人身伤残程度证明、相关医疗证明以及有关损失清单和费用单据；

（7）其他与确认保险事故的性质、原因、损失程度等有关的证明和资料。

第十九条：保险事故发生后，保险人按照国家有关法律法规规定的赔偿范围、项目和标准以及交强险合同的约定，并根据国务院卫生主管部门组织制定的交通事故人员创伤临床诊疗指南和国家基本医疗保险标准，在交强险的责任限额内核定人身伤亡的赔偿金额。

第二十条：因保险事故造成受害人人身伤亡的，未经保险人书面同意，被保险人自行承诺或支付的赔偿金额，保险人在交强险责任限额内有权重新核定。

因保险事故损坏的受害人财产需要修理的，被保险人应当在修理前会同保险人检验，协商确定修理或者更换项目、方式和费用。否则，保险人在交强险责任限额内有权重新核定。

第二十一条：被保险机动车发生涉及受害人受伤的交通事故，因抢救受害人需要保险人支付抢救费用的，保险人在接到公安机关交通管理部门的书面通知和医疗机构出具的抢救费用清单后，按照国务院卫生主管部门组织制定的交通事故人员创伤临床诊疗指南和国家基本医疗保险标准进行核实。对于符合规定的抢救费用，保险人在医疗费用赔偿限额内支付。被保险人在交通事故中无责任的，保险人在无责任医疗费用赔偿限额内支付。

9. 合同变更与终止

第二十二条：在交强险合同有效期内，被保险机动车所有权发生转移的，投保人应当及时通知保险人，并办理交强险合同变更手续。

第二十三条：在下列三种情况下，投保人可以要求解除交强险合同：

（1）被保险机动车被依法注销登记的；

（2）被保险机动车办理停驶的；

（3）被保险机动车经公安机关证实丢失的。

交强险合同解除后，投保人应当及时将保险单、保险标志交还保险人；无法交回保险标志的，应当向保险人说明情况，征得保险人同意。

第二十四条：发生《机动车交通事故责任强制保险条例》所列明的投保人、保险人解除交强险合同的情况时，保险人按照日费率收取自保险责任开始之日起至合同解除之日止期间的保险费。

10. 附则

第二十五条：因履行交强险合同发生争议的，由合同当事人协商解决。

协商不成的，提交保险单载明的仲裁委员会仲裁。保险单未载明仲裁机构或者争议发生后未达成仲裁协议的，可以向人民法院起诉。

第二十六条：交强险合同争议处理适用中华人民共和国法律。

第二十七条：本条款未尽事宜，按照《机动车交通事故责任强制保险条例》执行。

三、商业险

2020版《机动车商业保险条款》

主险包括机动车损失保险、机动车第三者责任保险、机动车车上人员责任保险共三个独立的险种,投保人可以选择投保全部险种,也可以选择投保其中部分险种。

附加险不能独立投保。附加险条款与主险条款相抵触的,以附加险条款为准,附加险条款未尽之处,以主险条款为准。

1. 机动车损失保险

第六条:保险期间内,被保险人或被保险机动车驾驶人(以下简称"驾驶人")在使用被保险机动车过程中,因自然灾害、意外事故造成被保险机动车直接损失,且不属于免除保险人责任的范围,保险人依照保险合同的约定负责赔偿。

第七条:保险期间内,被保险机动车被盗窃、抢劫、抢夺,经出险地县级以上公安刑侦部门立案证明,满60天未查明下落的全车损失,以及因被盗窃、抢劫、抢夺受到损坏造成的直接损失,且不属于免除保险人责任的范围,保险人依照本保险合同的约定负责赔偿。

第八条:发生保险事故时,被保险人或驾驶人为防止或者减少被保险机动车的损失所支付的必要的、合理的施救费用,由保险人承担;施救费用数额在被保险机动车损失赔偿金额以外另行计算,最高不超过保险金额。

2. 机动车第三者责任保险

第二十条:保险期间内,被保险人或其允许的驾驶人在使用被保险机动车过程中发生意外事故,致使第三者遭受人身伤亡或财产直接损毁,依法应当对第三者承担的损害赔偿责任,且不属于免除保险人责任的范围,保险人依照本保险合同的约定,对于超过机动车交通事故责任强制保险各分项赔偿限额的部分负责赔偿。

第二十一条:保险人依据被保险机动车一方在事故中所负的事故责任比例,承担相应的赔偿责任。

被保险人或被保险机动车一方根据有关法律法规选择自行协商或由公安机关交通管理部门处理事故,但未确定事故责任比例的,按照下列规定确定事故责任比例:

被保险机动车一方负主要事故责任的,事故责任比例为70%;

被保险机动车一方负同等事故责任的,事故责任比例为50%;

被保险机动车一方负次要事故责任的,事故责任比例为30%。

涉及司法或仲裁程序的,以法院或仲裁机构最终生效的法律文书为准。

3. 机动车车上人员责任保险

第三十一条:保险期间内,被保险人或其允许的驾驶人在使用被保险机动车过程中发生意外事故,致使车上人员遭受人身伤亡,且不属于免除保险人责任的范围,依法应当对车上人员承担的损害赔偿责任,保险人依照本保险合同的约定负责赔偿。

第三十二条：保险人依据被保险机动车一方在事故中所负的事故责任比例，承担相应的赔偿责任。

被保险人或被保险机动车一方根据有关法律法规选择自行协商或由公安机关交通管理部门处理事故，但未确定事故责任比例的，按照下列规定确定事故责任比例：

被保险机动车一方负主要事故责任的，事故责任比例为70%；

被保险机动车一方负同等事故责任的，事故责任比例为50%；

被保险机动车一方负次要事故责任的，事故责任比例为30%。

涉及司法或仲裁程序的，以法院或仲裁机构最终生效的法律文书为准。

4. 附加险

附加险条款的法律效力优于主险条款。附加险条款未尽事宜，以主险条款为准。除附加险条款另有约定外，主险中的责任免除、双方义务同样适用于附加险。主险保险责任终止的，其相应的附加险保险责任同时终止。

（1）附加绝对免赔率特约条款

绝对免赔率为5%、10%、15%、20%，由投保人和保险人在投保时协商确定，具体以保险单载明为准。被保险机动车发生主险约定的保险事故，保险人按照主险的约定计算赔款后，扣减本特约条款约定的免赔。即：

主险实际赔款 = 按主险约定计算的赔款 ×（1-绝对免赔率）

（2）附加车轮单独损失险

保险期间内，被保险人或被保险机动车驾驶人在使用被保险机动车过程中，因自然灾害、意外事故，导致被保险机动车未发生其他部位的损失，仅有车轮（含轮胎、轮毂、轮毂罩）单独的直接损失，且不属于免除保险人责任的范围，保险人依照本附加险合同的约定负责赔偿。

（3）附加新增加设备损失险

保险期间内，投保了本附加险的被保险机动车因发生机动车损失保险责任范围内的事故，造成车上新增加设备的直接损毁，保险人在保险单载明的本附加险的保险金额内，按照实际损失计算赔偿。

（4）附加车身划痕损失险

保险期间内，被保险机动车在被保险人或被保险机动车驾驶人使用过程中，发生无明显碰撞痕迹的车身划痕损失，保险人按照保险合同约定负责赔偿。保险金额为2000元、5000元、10000元或20000元，由投保人和保险人在投保时协商确定。

(5) 附加修理期间费用补偿险

保险期间内，投保了本条款的机动车在使用过程中，发生机动车损失保险责任范围内的事故，造成车身损毁，致使被保险机动车停驶，保险人按保险合同约定，在保险金额内向被保险人补偿修理期间费用，作为代步车费用或弥补停驶损失。

(6) 附加发动机进水损坏除外特约条款

保险期间内，投保了本附加险的被保险机动车在使用过程中，因发动机进水后导致的发动机的直接损毁，保险人不负责赔偿。

(7) 附加车上货物责任险

保险期间内，发生意外事故致使被保险机动车所载货物遭受直接损毁，依法应由被保险人承担的损害赔偿责任，保险人负责赔偿。

(8) 附加精神损害抚慰金责任险

在投保人仅投保机动车第三者责任保险的基础上附加本附加险时，保险人只负责赔偿第三者的精神损害抚慰金；在投保人仅投保机动车车上人员责任保险的基础上附加本附加险时，保险人只负责赔偿车上人员的精神损害抚慰金。

(9) 附加法定节假日限额翻倍险

保险期间内，被保险人或其允许的驾驶人在法定节假日期间使用被保险机动车发生机动车第三者责任保险范围内的事故，并经公安部门或保险人查勘确认的，被保险机动车第三者责任保险所适用的责任限额在保险单载明的基础上增加一倍。

(10) 附加医保外医疗费用责任险

保险期间内，被保险人或其允许的驾驶人在使用被保险机动车的过程中，发生主险保险事故，对于被保险人依照中华人民共和国法律（不含港澳台地区法律）应对第三者或车上人员承担的医疗费用，保险人对超出《道路交通事故受伤人员临床诊疗指南》和国家基本医疗保险同类医疗费用标准的部分负责赔偿。

(11) 附加机动车增值服务特约条款

本特约条款包括道路救援服务特约条款、车辆安全检测特约条款、代为驾驶服务特约条款、代为送检服务特约条款共四个独立的特约条款，投保人可以选择投保全部特约条款，也可以选择投保其中部分特约条款。保险人依照保险合同的约定，按照承保特约条款分别提供增值服务。

任务三 汽车保险的组合方案

一、基本保障方案

强制保险：交强险 + 车船税。
商业险组合方案：机动车损失保险 + 机动车第三者责任保险（30万）。
附加险组合方案：不购买。
方案特点：适用部分车主认为事故后修车费用很高，他们认为意外事故发生率较高，为自己的车和第三者的人身伤亡寻求保障。在加上费改后的车险将原来需要单独投保的车险诸如：机动车全车盗抢、玻璃单独破碎、自燃、发动机涉水、不计免赔率、指定修理厂、无法找到第三方特约等7个方面的保险责任。全部归类到机动车损失保险里面，也就是说购买一个机动车损失保险就拥有7个附加险保障。因此，此方案得到广大车主的青睐。

▶ 案例分析：

王先生的车辆停在路边一个星期没开也没管，今天打算开去洗车，发现车窗玻璃被砸（图5-2）。王先生立即拨打了保险公司电话，说明了情况。保险公司核实情况后，询问王先生需要去哪个修理厂维修，指定修理厂后很快就更换了一块新的车窗玻璃。如果机动车损失保险里没有包括指定修理厂和玻璃单独破碎险，王先生又没有购买附加险的情况下。该事件就需要王先生自掏腰包来修理车窗玻璃。

图5-2 车窗玻璃被砸破碎

二、经济保障方案

强制保险：交强险 + 车船税。
商业险组合方案：机动车损失保险 + 机动车第三者责任保险（200万）。
附加险组合方案：单独轮胎附加险 + 驾乘人员意外险。
方案特点：对于新车司机来说，驾驶技术比较生疏，上路可能给自己或周围车辆带来风险，应选择较高的机动车第三者责任保险，车上人员责任险也应该保障全面。这样出现意外时，可减少自身损失。

▶ 案例分析：

李先生是一名新手司机，车辆上牌半年，平时开车次数很少。当天晚上驾驶车辆经过隧道时，仪表报警出现车辆左后轮胎有异常，于是就地停车进行检查，并让车上同伴到前方指挥车辆靠右侧停车，谁知不到1分钟时间就被后方行驶的车辆相撞（图5-3）。指挥车辆的同伴所幸没受伤，只是受到惊吓。但是车内后排人员因没系安全带，导致轻微受伤。执法人员调取监控判断，事故原因是由于李先生的车辆发生故障随意停车，未在后方摆放警示三角牌，而后方车辆驾驶员疏于对前方的观察，采取紧急措施不当所致。最终双方都有一定责任。执法人员开具事故判定书后，此时保险公司查勘人员已经赶到现场，进行了拍照取证。查勘人员查看了李先生的保单，发现李先生购买了"驾乘人员意外险"在机动车损失保险的赔付基础上享有驾乘人员意外险的赔付。

图5-3 隧道事故车辆

三、完全保障方案

强制保险：交强险 + 车船税。
商业险组合方案：机动车损失保险 + 机动车第三者责任保险（500万）。
附加险组合方案：医保外用药 + 驾乘人员意外险 + 机动车延长保修险 + 单独轮胎附加险。
方案特点：保全险，上路行驶不必担心交通带来的各种风险。但保费较高，某些险种出险几率非常小。

▶▶ 案例分析：

　　张先生驾驶一辆白色轿车准备左转调头，由于一辆大货车挡住视线，当张先生发现劳斯莱斯时已经避让不及，然后撞了上去（图5-4）。张先生立刻拨打了报警电话以及联系了保险公司。执法人员来到现场询问了两位车主的事故经过。劳斯莱斯车主描述自己驾驶车辆是由南向北行驶；张先生描述自己驾驶车辆上西侧准备向左转调头，由于大货车挡住视线避让不及而发生碰撞。经过执法人员的判定为张先生全责。保险公司的查勘人员表示幸好张先生投保的第三者责任保险是500万，而且买的又是全险，此次事故张先生需要赔付给劳斯莱斯350万维修费用，维修费用全部由保险公司承担。

图5-4 左转车辆未礼让直行车辆的事故

简答题

1. 汽车商业保险中基本险包括哪几个险种？

2. 汽车保险中的附加险可以单独投保吗？

3. 交强险是什么险？

4. 机动车第三者责任保险的保险金额是多少？

课题六 汽车保险承保实务

● 知识目标

1. 了解《保险法》《中华人民共和国民法典》《交通法》等法规及保险条款。
2. 掌握汽车保险承保工作流程、核保方式及保费计算方法。

● 能力目标

1. 能够完成车辆保险的核保工作。
2. 能够独立完成各类保险的计算工作。

任务一 汽车保险的承保

汽车保险承保实质上是保险双方签订保险合同的过程,即指保险人在投保人提出投保请求时,经审核其投保内容符合承保条件,同意接受其投保申请,并按照有关保险条款承担保险责任的过程。

一、汽车保险承保工作的基本内容

1. 保险展业

(1) 展业的定义

保险展业是保险公司进行市场营销的过程,即向客户提供保险产品的服务。旨在争取汽车保险业务,扩大承保面,提高市场竞争力。保险展业直接影响保险人的业务经营量。

(2)展业工作的主要内容

1)展业准备

- 掌握基础理论知识:如《保险法》《中华人民共和国民法典》《交通法》等法规、保险条款、汽车构造原理、车型识别和常见车型的价格。
- 掌握当地市场基本情况:如所管辖区域车辆拥有量、车险的需求等相关资料。
- 保前调查:如调查客户的信誉度、拥有车辆的车型等。
- 制定展业计划,确定展业目标。

2)展业宣传

- 根据各分支机构和本地保险市场特征,宣传公司车险名优品牌以及机构网络、人才、技术、资金、服务等优势。
- 宣传基本险、附加险的主要内容和承保理赔手续。

3)展业方式

- 坚持以自办为主,利用柜台服务、上门展业、电话预约承保等方式开展业务。
- 广泛与代理公司、经纪公司、独立代理人及车辆管理部门、银行、海关等加强合作。
- 要遵守法律、法规规定。

2. 签发保险单证

(1)告知

① 依照《保险法》及监管部门的有关要求,严格按照条款向投保人告知投保险种的保障范围,特别要明示责任免除及被保险人义务等条款内容;

② 向投保人解释基本险和附加险条款中容易发生的质疑,特别是设计保险责任免除的责任。

③ 应主动提醒投保人履行如实告知的义务;

④ 应对投保人详细解释采用定额保单和采用普通保单承保的差异;

⑤ 在客户投保险种选择与本公司因风险合理控制、有条件限制的承保险种之间存在差别时,应耐心做好宣传解释工作。

(2)验证

汽车保险在承保时须核对行驶证、车辆出厂合格证、购置发票、上年保单等相关资料。另外,个人投保的,须核对投保人的身份证,单位投保的,须核对单位的组织机构代码证。

（3）验车

1）验车范围

- 首次在保险公司投保的车辆；
- 未按期续保的车辆；
- 在投保机动车第三者责任保险后，又申请加保机动车损失保险的车辆；
- 申请增加投保盗抢险、自燃险及玻璃破碎险的车辆；
- 使用年限接近报废年限的车辆；
- 特种车辆或发生重大损失事故后修复的车辆。

2）验车内容

- 车辆外观是否完好，座位数、吨位数是否和行驶证记载相符；
- 车辆的车牌号、车型、发动机号、车架号、车身颜色是否与行驶证一致；
- 车辆技术状况包括转向、制动、灯光、喇叭、雨刮器、车轮等是否完好，车辆的操纵安全性与可行性是否符合行车要求；
- 发动机、车身、底盘、电器设备的技术状况；
- 机动车的新旧程度是否与制造年份吻合、行驶千米数与机动车制造年份是否吻合、车身（如玻璃、灯、前后保险杠、叶子板等易损部件）是否完好；
- 车辆的消防装备和防盗装置；
- 新增设备是否属实；
- 发动机号、车架号是否有修改痕迹，车辆是否属于拼装车、翻新车、大吨小标车。

3）验车要求

- 普通验车可以在投保单相应位置注明验车结果，特殊情况下，核保人要求验车人员填写验车单。
- 验车可采用拍摄验车照片的方式验车。原则上验车照片不少于3张，1张为车前方45度角全车照片（含车牌号），1张为前照片对角位置的车后方45度角全车照片（含车牌号），1张为VIN码/车架号的照片。
- 无论采取何种拍照方式，拍摄的照片要能准确反映被验车辆的真实情况，对于车身有部分损失的，还应对损失部位详细拍照记录。要准确反映被保险车辆的牌照号码(没有牌照的车辆，如新车、部分特种车等，应拍摄临时牌照或移动证的正反面）及验车日期（可附当日的报纸作为凭证）。如附加新增设备损失险时，应对各项新增设备单独拍照。

（4）录单

录单是保险公司的录单员将投保人、厂牌号、车辆种类、车辆颜色、号牌号码等投保信息录入业务系统的过程。

（5）保费计算

1）核定费率

● 依据投保人填写的车辆情况，业务人员根据《机动车辆保险费率标准》的有关规定，按照车辆的种类、车辆使用性质等因素确定费率。

2）计算保费

● 一年期保费，根据费率表查定的费率及相应的固定保费按公式计算保费；
● 短期保费计算：保险期限不足一年，按短期费率计算。短期费率分为两类：按日计算和按月计算保费。

（6）提交核保

① 确定是否接受承保风险；
② 确定承保费率和免赔额等条件。

（7）缴费和签发保险单证

① 缮制保险单：根据核保人员签署的意见制定。
② 复核保险单：复核人员接到投保单、保险单及其副表应认真核对。
③ 开具保费收据：由财务人员开收据。
④ 收取保费：投保人凭保险费收据办理交费手续。
⑤ 签发保险单、保险凭证。

（8）单证的清分与归档

1）单证的清分

● 对已填具的投保单、保险单、保费收据、保险凭证，业务人员应进行清理归类，投保单的附表要粘贴在投保单背面，并加盖骑缝章。
● 清分时按清分给被保险人的单证、送计财部的单证、业务部门留存的单证的要求清分。

2）归档

● 登记。业务部门应建立登记簿，将承保情况逐笔登记，并编制承保日报表。
● 归档。每一套承保单证的整理顺序为：保费收据、保险单副本、投保单及其附表。并按保险单号码顺序排列，装订成册，封面及装订要按档案规定办理，并标明档案保存期限。

（9）批改

当机动车保险合同生效后，如果保险机动车的所有权发生变化，机动车保险合同是否继续有效，取决于申请批改的情况。如果投保人或被保险人申请批改，保险人经过必要的核保，签发批单同意，则原机动车保险合同继续有效。如果投保人或被保险人没有申请批改，机动车保险不能随着保险机动车的转让而自动转让，机动车保险合同也不能继续生效。

保险车辆在保险有效期内发生转卖、转让、赠送他人，变更使用性质，调整保险金额或每次事故最高赔偿额，增加或减少投保车辆，终止保险责任等，都需申请办理批改单证，填具批改申请书送保险公司。保险公司审核同意后，出具批改单给投保人存执，存执粘贴于保险单正本背面。保险凭证上的有关内容也将同时批改，并在批改处加盖保险人业务专用章。

我国《机动车辆保险条款》规定：在保险合同有效期内，保险车辆转卖、转让、赠送他人、变更用途或增加危险程度，被保险人应当事先书面通知保险人并申请办理批改。同时，机动车保险单上一般也注明了"本保险单所载事项如有变更，被保险人应立即向本公司办理批改手续，否则，如有任何意外事故发生，本公司不负赔偿责任"的字样，以提醒被保险人注意。

办理保险车辆的过户手续时，应将保险单、保险费收据、新的车辆行驶证和申原被保险人签章的批改申请书等有关资料交送保险人，保险人审核同意后将对车辆牌照号和被保险人姓名和住址等相关内容进行批改。

（10）续保

保险期满以后，投保人在同一保险人处重新办理机动车的保险事宜称为续保。

在机动车保险实务中，续保一般在原保险期到期前一个月开始办理。为防止续保以后至原保险单到期期间发生保险责任事故，在续保通知书内应注明："出单前如有保险责任事故发生，应重新计算保险费；全年无保险责任事故发生，可享受无赔款优待"等字样。

二、汽车保险承保工作流程

① 确定目标客户；
② 保险人向投保人介绍保险条款，履行明确说明义务；
③ 依据保险标的的性质、投保人特点制定保险方案；
④ 保险人计算保险费，提醒投保人履行如实告知义务；
⑤ 保险人提供投保单，投保人填写投保单；
⑥ 业务人员检验保险标的，确保其真实性；
⑦ 将投保信息录入业务系统（系统产生投保单号），复核后利用网络提交核保人员核保；
⑧ 核保人员根据公司核保规定，并通过网络将核保意见反馈给承保公司，核保通过时，业务人员收取保费、出具保险单，需要送单的，由送单人员递送保险单及相关单证；
⑨ 承保完成后，进行数据处理和客户回访。

汽车保险承保工作流程如图 6-1 所示。

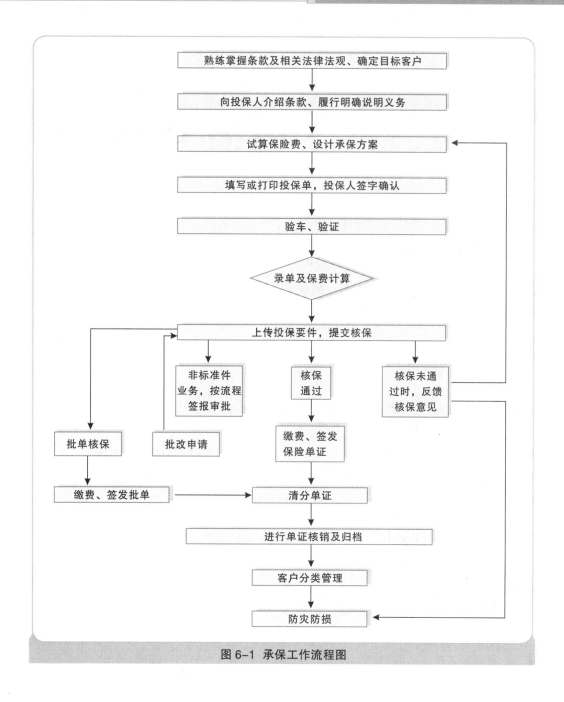

图 6-1 承保工作流程图

一、核保的概念

保险核保是指保险人对于投保人的投保申请进行审核,决定是否接受承保这一风险,并在接受承保风险的情况下,确定承保费率和免赔额等条件的过程。

二、核保的意义

1. 排除的道德风险,防止逆选择

在保险公司的经营过程中始终存在一个信息问题,即信息的不完整、不精确和不对称。尽管最大诚信原则要求投保人在投保时应履行充分告知的义务。但是,事实上始终存在信息的不完整和不精确的问题。保险市场信息问题,可能导致投保人或被保险人的道德风险和逆选择,给保险公司经营带来巨大的潜在风险。保险公司建立核保制度,由资深人员运用专业技术和经验对投保标的进行风险评估,通过风险评估可以最大限度地解决信息不对称的问题,排除道德风险,防止逆选择。

2. 确保业务质量,实现经营稳定

保险公司是经营风险的特殊行业,其经营状况关系社会的稳定。保险公司要实现经营的稳定,重要环节就是控制承保业务的质量。目前,保险市场竞争日趋激烈,保险公司在不断扩大业务的同时,经营风险也在不断增大。其主要表现为:一是为了拓展业务而急剧扩充业务人员,这些新的工作人员业务素质有限,无法认识和控制承保的质量;二是保险公司为扩大保险市场的占有率,稳定与客户的业务关系,放松了拓展业务方面的管理;三是保险公司为了拓展新的业务领域,开发了一些不成熟的新险种,签署了一些未经过详细论证的保险协议,增加了风险因素。保险公司通过建立核保制度,将展业与承保相对分离,实行专业化管理,严格把好承保关。

3. 实现经营目标,确保持续发展

在我国保险市场的发展过程中,保险公司要在市场上争取和赢得主动,就必须确定自己的市场营销方针和政策,包括选择特定的业务和客户作为自己发展的主要对象,确定对各类风险承保

的态度，制定承保业务的原则、条款和费率等。而这些市场营销方针和政策实现的主要手段是核保制度，通过核保制度对风险进行选择和控制，保险公司能够有效地实现其既定的目标，并保持业务的持续发展。

三、核保的主要内容

核保人员首先要审核投保单所填写的各项内容是否完整、清楚、准确，然后根据本公司的承保标准决定投保单是否可以承保。

核保的主要内容可概括为以下七个方面：

1. 投保人资格

对投保人资格进行审查的核心是认定投保人对保险标的是否拥有保险利益，在汽车保险业务中主要是通过核对行驶证来完成。

2. 投保人或被保险人的基本情况

对于车队业务，保险公司通过了解企业的性质、是否设有保安部门、经营方式、运行主要路线等数据，分析投保人或被保险人对车辆管理的技术管理状况，可以及时发现其可能存在的经营风险，采取必要的措施，降低和控制风险。

3. 投保人与被保险人的信誉

投保人与被保险人的信誉是核保工作的重点之一。对于投保人与被保险人的信誉调查和评估已逐步成为汽车核保工作的重要内容。评估投保人与被保险人信誉的一个重要手段是对其以往损失和赔付情况进行了解。

4. 保险标的

对保险车辆应尽可能采用"验车承保"的方式，即对车辆进行实际的检验，包括了解车辆的使用和管理情况，复印行驶证、购置车辆的完税凭证，拓印发动机与车架号码，对于一些高档车辆，还应当建立车辆档案。

5. 保险金额

保险金额的确定涉及保险公司及被保险人的利益，往往是双方争议的焦点，因此保险金额的确定是汽车保险核保中的一个重要内容。在具体的核保工作中，应当根据公司制定的汽车市场指导价格确定保险金额。避免出现超额保险和不足额保险。

6. 保险费

核保人员对于保险费的审核主要分为费率适用的审核和计算的审核。

7. 附加条款

主险和标准条款提供的是适应风险共性的保障，但是作为风险的个体是有其特性的。一个完善的保险方案不仅要解决共性的问题，更重要的是还要解决个性问题，附加条款适用于风险的个性问题。特殊性往往意味着高风险，所以，在对附加条款的适用问题上更应当注意对风险的特别评估和分析，谨慎接受和制定条件。

四、费率核定与保费计算

通常保险人在经营汽车保险的过程中将风险因素分为两类：
（1）与汽车相关的风险因素，主要包括汽车的种类、使用的情况和行驶的区域等。
（2）与驾驶人相关的风险因素，主要包括驾驶人的性格、年龄、婚姻状况、职业等。
根据上述风险因素的不同，各国汽车保险的费率模式基本上可以划分为两大类，即从车费率模式和从人费率模式。

1. 从车费率模式

（1）从车费率模式的概念

从车费率模式是指在确定保险费率的过程中主要以被保险车辆的风险因素作为影响费率确定因素的模式。

（2）从车费率模式影响因素

①根据车辆的使用性质划分：营业性车辆与非营业性车辆。
②根据车辆的生产地划分：进口车辆与国产车辆。
③根据车辆的种类划分：车辆种类与吨位。
④车龄或车辆的实际价格。（车龄是指保险车辆已使用的年限，不足1年者不计算。车龄从车辆出厂后向车辆管理部门初次登记之日起计算）
⑤家庭或车主拥有的车辆数。
⑥车辆的行驶区域。
⑦车辆的安全装备。

（3）从车费率模式的优缺点

从车费率模式的优点在于从车费率模式具有体系简单，易于操作的特点，此外，还可加速淘汰价格低、性能差的车辆。
从车费率模式的缺点在于保险费的负担不合理，无法调动驾驶人的积极性，并且强调了车的因素，忽视了交通事故中人的主观因素。

2. 从人费率模式

（1）从人费率模式的概念

从人费率模式是指在确定保险费率的过程中主要以被保险车辆驾驶人的风险因素作为影响费率确定因素的模式。目前，大多数国家采用的汽车保险的费率模式均属于从人费率模式，影响费率的主要因素是与被保险车辆驾驶人有关的风险因素。

（2）从人费率模式影响因素

①根据驾驶人的年龄划分：年轻人、中年人和老年人。
②根据驾驶人的性别划分：男性和女性。
③根据驾驶人的驾龄划分：1-3年为事故多发期。
④驾驶员安全记录。
⑤驾驶员的生活习性。
⑥驾驶员的婚姻状况。
⑦附加驾驶员数量。
⑧驾驶员的职业。

（3）从人费率模式的优缺点

从人费率模式的优点在于充分考虑了人的因素，易于调动驾驶员积极性，具有奖优罚劣的功能，并且保险费的负担较为合理。

从人费率模式的缺点在于从人主义费率模式主要考虑了人的风险因素，没有考虑车的风险因素，因此，无法限制安全性能差的车辆上路行驶。

3. 我国费率确定模式

以从车费率模式为主兼顾从人主义。

①发生交通事故的主要原因是人不是车。交通事故的发生有多方面的原因，诸如汽车状况、道路条件、驾驶员或行人是否遵守交通法规等，其中主要取决于驾驶员是否谨慎驾驶。

②保险费负担比较合理，从人费率模式主要将驾驶员的年龄、性别、职业、婚姻、习惯、违章记录、驾驶年龄以及有无附加驾驶员等都纳入保费厘定考虑的范围，保费的负担比较合理。

4. 机动车交通事故责任强制保险保费计算方法

（1）交强险费率浮动机制

《机动车交通事故责任强制保险条例》规定，自2006年7月1日起，所有上路行驶的机动车都必须投保交强险,第一年先实行国家统一价格,之后实行保险费与交通违法行为、交通事故挂钩的"奖优罚劣"的浮动费率机制,即安全驾驶者可享受优惠的保险费率,经常肇事者将负担高额保费。

2020年9月2日,《关于实施车险综合改革的指导意见》(2020年9月19日零时起实施),根据地区赔付率,引入区域浮动系数,[-50%,30%],即与标准相比最低下调50%,最高上浮30%。对于轻微交通事故,鼓励当事人采取"互碰自赔"、在线处理等方式进行快速处理,并研究不纳入费率上调浮动因素。

对未将酒驾、醉驾纳入费率浮动考核的地区,交强险保费的计算公式:交强险最终保费 = 交强险基础保费 × (1+ 交通事故浮动比率X),公式中的交通事故浮动比率X如下表6-1、表6-2、表6-3、表6-4和表6-5所示。X取A、B、C、D、E方案其中之一的对应值,同时满足多个浮动因素的,按照向上浮动或向下浮动的比率最高者计算,不累加。

表6-1 费率调整方案A(内蒙古、海南、青海、西藏4个地区实行)

一	浮动因素	浮动比率
与道路交通事故相联系的浮动方案A	A1,上一个年度未发生有责任的道路交通事故	下浮30%
	A2,上两个年度未发生有责任的道路交通事故	下浮40%
	A3,上三个年度及以上未发生有责任的道路交通事故	下浮50%
	A4,上一个年度发生一次有责任不涉及死亡的道路交通事故	不浮动
	A5,上一年度发生两次及以上有责任的道路交通事故	上浮10%
	A6,上一年度发生有责任的道路交通死亡事故	上浮30%

表6-2 费率调整方案B(陕西、云南、广西3个地区实行)

一	浮动因素	浮动比率
与道路交通事故相联系的浮动方案B	B1,上一个年度未发生有责任的道路交通事故	下浮25%
	B2,上两个年度未发生有责任的道路交通事故	下浮35%
	B3,上三个年度及以上未发生有责任的道路交通事故	下浮45%
	B4,上一个年度发生一次有责任不涉及死亡的道路交通事故	不浮动
	B5,上一年度发生两次及以上有责任的道路交通事故	上浮10%
	B6,上一年度发生有责任的道路交通死亡事故	上浮30%

表6-3 费率调整方案C(甘肃、吉林、山西、黑龙江、新疆5个地区实行)

一	浮动因素	浮动比率
与道路交通事故相联系的浮动方案C	C1,上一个年度未发生有责任的道路交通事故	下浮20%
	C2,上两个年度未发生有责任的道路交通事故	下浮30%
	C3,上三个年度及以上未发生有责任的道路交通事故	下浮40%
	C4,上一个年度发生一次有责任不涉及死亡的道路交通事故	不浮动
	C5,上一年度发生两次及以上有责任的道路交通事故	上浮10%
	C6,上一年度发生有责任的道路交通死亡事故	上浮30%

表6-4 费率调整方案D（北京、天津、河北、宁夏4个地区实行）

一	浮动因素	浮动比率
与道路交通事故相联系的浮动方案D	D1，上一个年度未发生有责任的道路交通事故	下浮15%
	D2，上两个年度未发生有责任的道路交通事故	下浮25%
	D3，上三个年度及以上未发生有责任的道路交通事故	下浮35%
	D4，上一个年度发生一次有责任不涉及死亡的道路交通事故	不浮动
	D5，上一年度发生两次及以上有责任的道路交通事故	上浮10%
	D6，上一年度发生有责任的道路交通死亡事故	上浮30%

表6-5 费率调整方案E（江苏、浙江、安徽等20个地区实行）

一	浮动因素	浮动比率
与道路交通事故相联系的浮动方案E	E1，上一个年度未发生有责任的道路交通事故	下浮10%
	E2，上两个年度未发生有责任的道路交通事故	下浮20%
	E3，上三个年度及以上未发生有责任的道路交通事故	下浮30%
	E4，上一个年度发生一次有责任不涉及死亡的道路交通事故	不浮动
	E5，上一年度发生两次及以上有责任的道路交通事故	上浮10%
	E6，上一年度发生有责任的道路交通死亡事故	上浮30%

20个地区包括江苏、浙江、安徽、上海、湖南、湖北、江西、辽宁、河南、福建、重庆、山东、广东、深圳、厦门、四川、贵州、大连、青岛、宁波20个地区实行以上费率调整方案E。

对我国已将酒驾、醉驾纳入费率浮动考核的地区，交强险最终保费 = 交强险基础保费 ×（1+道路交通事故浮动比率X+酒驾醉驾浮动比例M），公式中酒驾醉驾浮动比率M如下表6-6所示。

表6-6 与酒驾醉驾挂钩的交强险费率浮动表

	浮动因素	浮动比率
M1	上年（指上一个保单年度）每发生一次饮酒后驾驶交通违法行为且尚未处理的	上浮15%
M2	上年每发生一次饮酒后驾驶交通违法行为且已处理完毕的	上浮10%
M3	上年每发生一次醉酒后驾驶交通违法行为且尚未处理的	上浮30%
M4	上年每发生一次醉酒后驾驶交通违法行为且已处理完毕的	上浮25%

特殊情形下的交强险费率浮动方法：
①首次投保交强险的机动车费率不浮动。
②在保险期限内，被保险机动车所有权转移，交强险费率不浮动。
③机动车临时上道路行驶或境外机动车临时入境投保短期交强险的，交强险费率不浮动。
④被保险机动车经公安机关证实丢失后追回的，根据投保人提供的公安机关证明，在丢失期间发生道路交通事故的，交强险费率不向上浮动。

（2）交强险费率表

交强险是国家强制性保险，实行全国统一的费率表，不同大类的车辆保费不同，如表6-7所示。

表 6-7 机动车交通事故责任强制保险费率表

车辆大类	序号	车辆明细分类	基础保费（元）
一、家庭自用车	1	家庭自用汽车 6 座以下	950
	2	家庭自用汽车 6 座及以上	1,100
二、非营业客车	3	企业非营业汽车 6 座以下	1,000
	4	企业非营业汽车 6-10 座	1,130
	5	企业非营业汽车 10-20 座	1,220
	6	企业非营业汽车 20 座以上	1,270
	7	机关非营业汽车 6 座以下	950
	8	机关非营业汽车 6-10 座	1,070
	9	机关非营业汽车 10-20 座	1,140
	10	机关非营业汽车 20 座以上	1,320
三、营业客车	11	营业出租租赁 6 座以下	1,800
	12	营业出租租赁 6-10 座	2,360
	13	营业出租租赁 10-20 座	2,400
	14	营业出租租赁 20-36 座	2,560
	15	营业出租租赁 36 座以上	3,530
	16	营业城市公交 6-10 座	2,250
	17	营业城市公交 10-20 座	2,520
	18	营业城市公交 20-36 座	3,020
	19	营业城市公交 36 座以上	3,140
	20	营业公路客运 6-10 座	2,350
	21	营业公路客运 10-20 座	2,620
	22	营业公路客运 20-36 座	3,420
	23	营业公路客运 36 座以上	4,690
四、非营业货车	24	非营业货车 2 吨以下	1,200
	25	非营业货车 2-5 吨	1,470
	26	非营业货车 5-10 吨	1,650
	27	非营业货车 10 吨以上	2,220
五、营业货车	28	营业货车 2 吨以下	1,850
	29	营业货车 2-5 吨	3,070
	30	营业货车 5-10 吨	3,450
	31	营业货车 10 吨以上	4,480
六、特种车	32	特种车一	3,710
	33	特种车二	2,430
	34	特种车三	1,080
	35	特种车四	3,980
七、摩托车	36	摩托车 50CC 及以下	80
	37	摩托车 50CC-250CC（含）	120
	38	摩托车 250CC 以上及侧三轮	400

注：1. 座位和吨位的分类都按照"含起点不含终点"的原则来解释；

2. 特种车一：油罐车、汽罐车、液罐车、冷藏车；特种车二：用于牵引、清障、清扫、清洁、起重、装卸、升降、搅拌、挖掘、推土等的各种专用机动车；特种车三：装有固定专用仪器设备从事专业工作的监测、消防、医疗、电视转播等的各种专用机动车；特种车四：集装箱拖头。

3. 挂车根据实际的使用性质并按照对应吨位货车的50%计算。

5. 机动车商业保险保费计算方法

商业车险保险费 = 基准保险费 × 费率调整系数

基准保险费 = 基准纯风险保险费 / (1− 附加费用率)

费率调整系数 = 无赔款优待系数 × 自主定价系数 × 交通违法系数

将以上公式合并整理后可得：

商业车险保险费 = 基准纯风险保险费 / (1− 附加费用率) × 无赔款优待系数 × 自主定价系数 × 交通违法系数

其中：基准纯风险保险费反映了市场平均赔付成本，根据保险标的的损失概率和损失程度确定。比较固定，由中国保险行业协会统一制定、颁布并定期更新，各保险公司通过中国保信车险信息平台统一查询获取，保险公司应据实使用，严禁修改。

附加费用率由各保险公司自行申报，经保监会审批同意后方可使用。（附加费用率是各个保险公司根据其自身的经营水平、税赋和预期利润水平决定的。）

无赔款优待系数（NCD因子）由中国保险行业协会定期制定并颁布，各保险公司通过平台查询使用。自主定价系数由各保险公司自行确定报保监会后再使用，在[0.65，1.35]的范围内调整使用，包括从人因素、从车因素、产品渠道等。

交通违法系数分两种情况，如果保监会平台已和交管平台对接，可以使用该系数进行费率浮动，各保险公司应据实使用，不得调整；若平台未与交管平台对接，则该系数为1.0，保险公司不得调整，目前我国绝大多数地方都没有与交管平台联网。

（1）基准纯风险保险费的计算

1）机动车损失保险保费的计算

费改后的车损险加入了车型风险相对系数，该系数的厘定综合考虑了不同的损失赔付率、出险频率、零整比等风险因素，分为0.8、0.9、1.0、1.1、1.2五档车型系数，该系数由中国保险行业协会统一制定，客户投保时，为确保保费与车型实际风险对应，车型须据实准确录入。新客户投保时，保险人应根据车辆的合格证、行驶证、发票等信息准确录入车型。投保人续保时，若车辆信息无变化，则按上年车型录入。车型系数由平台直接查询，保险公司不能修改。机动车损失保险基准纯风险保费表，由中国保险行业协会统一制定并更新。

①当投保时被保险机动车的实际价值等于新车购置价减去折旧金额时，折旧系数表如表6-8所示，根据被保险机动车车辆使用性质、车辆种类、车型名称、车型编码、车辆使用年限所属档次直接查询基准纯风险保费。如表6-9所示为山东地区机动车损失保险基准纯风险保费列表（部分）。

折旧金额 = 新车购置价 × 被保险机动车已使用月数 × 月折旧系数

实际价值 = 新车购置价 − 折旧金额

折旧按月计算，不足一个月的部分，不计折旧。最高折旧金额不超过投保时被保险机动车新车购置价的 80%。新车购置价可参考市场主流车型库数据专业公司汇总整理的车型新车购置价制定，各保险公司获取后存入本身数据系统，客户投保时调取使用。

表 6–8　2014 版示范条款参考折旧系数表

车辆种类	月折旧系数			
	家庭自用	非营业	营业	
			出租	其他
9 座以下客车	0.60%	0.60%	1.10%	0.90%
10 座以上客车	0.90%	0.90%	1.10%	0.90%
微型载货汽车	/	0.90%	1.10%	1.10%
带拖挂的载货汽车	/	0.90%	1.10%	1.10%
低速货车和三轮汽车	/	1.10%	1.40%	1.40%
其他车辆	/	0.90%	1.10%	0.90%

表 6–9　山东地区机动车损失保险基准纯风险保费列表（部分）

车辆使用性质	车辆种类	车型名称	车型编码	车辆使用年限				
				1 年以下	1–2 年	2–3 年	3–4 年	4–5 年
家庭自用汽车	6 座以下	北京现 BH7141MY 舒适型	BBJKROUC0001	934	823	822	855	877
家庭自用汽车	6–10 座	五菱 LZW6376NF	BSQDZHUA0114	438	386	385	400	411
家庭自用汽车	10 座以上	金 SY6543US3BH	BJBDRDUA0237	934	823	822	855	877

注意：在费率表中，凡涉及分段的陈述都按照"含起点不含终点"的原则来解释。

如表 6–9 所示，山东地区一辆车龄为 4 年的"五菱 LZW6376NF"投保车辆损失保险，根据山东地区基准纯风险保费表，查询该车对应的机动车损失保险基准纯风险保费为 411 元。

协商实际价值（即车损险保额）由客户与保险公司共同协商确定，车辆发生全损时按照车辆的协商实际价值全额赔付。若协商实际价值远高于行业实际参考价值，车辆发生全损时的不当得利会触发客户的逆选择风险，若协商实际价值远低于行业实际参考价值，车辆发生全损时易引发客户投诉。故在与客户协商实际价值时，应尽量与行业实际参考价值一致，原则上不能超过上下浮动 30% 的区间。

②当投保时被保险机动车的实际价值不等于新车购置价减去折旧金额时，考虑实际价值差异的机动车损失保险基准纯风险保费按下列公式计算：

考虑实际价值差异的机动车损失保险基准纯风险保费 = 直接查找的机动车损失保险基准纯风险保费 +（协商确定的机动车实际价值 − 新车购置价减去折旧金额后的机动车实际价值）× 0.09%

③如投保时约定绝对免赔额，可按照选择的免赔额、车辆使用年限和实际价值查找费率折扣系数，约定免赔额之后的机动车损失保险基准纯风险保费按下列公式计算：

约定免赔额之后的机动车损失保险基准纯风险保费 = 考虑实际价值差异的机动车损失保险基准纯风险保费 × 费率折扣系数

2）第三者责任保险保费的计算

根据被保险机动车车辆使用性质、车辆种类、责任限额直接查询基准纯风险保险费，如表6-10所示。例如：某家庭5座自用汽车购买保险金额为300万的机动车第三者责任保险，则该车的三者险基准纯风险保险费为727.83元。

表6-10 机动车综合商业保险示范产品基准纯风险保费表（四川）——机动车第三者责任保险

车辆种类 第三者责任保险	车辆使用性质						
	家庭自用汽车			企业非营业客车			
	6座以下	6-10座	10座以上	6座以下	6-10座	10-20座	20座以上
10万	285.28	337.54	337.64	368.24	423.91	340.59	712.12
15万	309.39	366.07	366.07	379.36	436.72	350.87	733.63
20万	338.08	400.01	400.01	414.06	476.68	382.98	800.75
30万	365.66	432.64	432.64	456.28	525.27	422.01	882.38
50万	418.60	495.27	495.27	505.07	581.44	467.15	976.75
100万	511.47	605.16	605.16	618.67	712.22	572.21	1 196.43
150万	571.24	675.87	675.87	682.08	785.21	630.86	1 319.05
200万	624.50	738.89	738.89	738.63	850.31	683.16	1 428.42
400万	829.03	980.88	980.88	955.77	1 100.32	889.99	1 848.39
500万	928.10	1 098.09	1 098.09	1 060.95	1 221.42	981.27	2 051.81
600万	1025.03	1212.79	1212.79	1163.86	1339.91	1076.45	2250.86
800万	1212.52	1434.61	1434.61	1362.91	1569.08	1260.54	2635.84
1000万	1391.47	1646.35	1646.35	1552.91	1787.84	1436.27	3003.32

3）车上人员责任险

根据车辆使用性质、车辆种类、驾驶人/乘客查询纯风险费率，如表6-11所示。
计算公式如下：

驾驶人基准纯风险保费 = 每次事故责任限额 × 纯风险费率

乘客基准纯风险保费 = 每次事故每人责任限额 × 纯风险费率 × 投保乘客座位数

表6-11 机动车综合商业保险示范产品基准纯风险保费表——车上人员责任险（四川）

车辆使用性质	车辆种类	车上人员责任保险	
		驾驶人	乘客
家庭自用汽车	6座以下	0.2122%	0.1346%
	6-10座	0.2018%	0.1294%
	10座以上	0.2018%	0.1294%
企业非营业客车	6座以下	0.2122%	0.1294%
	6-10座	0.2018%	0.1190%
	10-20座	0.2018%	0.1190%
	20座以上	0.2122%	0.1294%

注意：座位数以行驶证所载明的座位数为限，因驾驶员座风险系数高于乘客座，所以，驾驶座纯风险费率高于乘客座，在计算保费时，应要分别计算。

4）附加车身划痕损失险

根据车辆使用年限、新车购置价、保险金额所属档次直接查询基准纯风险保费。

5）附加发动机进水损坏除外特约条款

根据地区及车辆使用性质查询附加比例。如表 6-12 所示。计算公式如下：

基准纯风险保费 = 机动车损失保险基准纯风险保费 × 附加比例

表 6-12　附加发动机进水损坏除外特约条款费率表

地区		附加比例							
		家用车	企业车	机关车	出租租赁	城市公交	公路客运	非营业货车	营业货车
发动机进水损坏除外特约条款	沿海地区	−1.4884%	−2.2433%	−1.7219%	−1.5930%	−0.3143%	−0.2967%	−0.4570%	−0.4643%
	非沿海地区	−0.8070%	−1.2206%	−0.9346%	−0.8641%	−0.3143%	−0.2967%	−0.4570%	−0.4643%
	费率计算公式	基准纯风险保费 = 机动车辆损失保险基准风险保费 × 附加比例							

6）附加法定节假日限额翻倍保险

根据被保险机动车车辆使用性质、车辆种类、基础责任限额、翻倍责任限额直接查询基准纯风险保费。如表 6-13 所示。

表 6-13　附加法定节假日限额翻倍保险费率表

车辆使用性质	车辆种类	基础限额	10万	15万	20万	30万	50万	100万	150万	200万	300万	400万	500万	600万	800万	1 000万
		翻倍限额	20万	30万	40万	60万	100万	200万	300万	400万	600万	800万	1000万	1200万	1600万	2 000万
家庭自用汽车	6座以下		22.82	24.75	27.05	29.25	33.49	40.91	45.70	49.96	58.23	66.32	74.25	82.00	97.00	111.32
	6~10座		27.00	29.29	32.00	34.61	39.62	48.41	54.07	59.11	68.90	78.47	87.85	97.02	114.77	131.71
备注	如果基础限额为 200 万元以上、且未在上表列示，则基准纯风险保费 =（N−4）×（A−B）×（1−N×0.005）+A，式中 A 指同档次基础限额为 200 万元时的基准纯风险保费，B 指同档次基础限额为 150 万元时的基准纯风险保费；N= 基础限额 /50 万元，基础限额须是 50 万元的整数倍。															

7）附加车轮单独损失险

根据各公司情况自行制定各车辆使用性质的纯风险费率，计算公式：

基准纯风险保费 = 保险金额 × 纯风险费率

8）附加医保外医疗费用责任险

根据各公司情况自行制定基准纯风险保费。

9）附加机动车增值服务特约条款

根据各公司情况自行制定基准纯风险保费。

（2）附加费用率的选择

附加费用率是以保险公司经营费用为基础计算的，包括用于保险公司的业务费用支出、手续费用支出、税金、工资支出以及合理的经营利润。附加费用率由保险公司自主设定唯一值，并严格执行经中国保监会批准的附加费用率，不得上下浮动。财产保险公司原则上应根据公司最近三年商业车险实际费用水平，测算本公司商业车险保险费的附加费用率。基于阶段性的市场经营策略，也可参考行业平均水平测算本公司商业车险保险费附加费用率。

（3）费率调整系数

费率调整系数 = 无赔款优待系数 × 自主定价系数 × 交通违法系数

1）无赔款优待系数（NCD 系数）

无赔款优待系数是根据历史赔款记录，按照无赔款优待系数对照表进行费率调整。由中国保险行业协会统一制定颁布，由行业平台自动返回。保险公司严格按照从平台获取的 NCD 系数值进行费率的浮动，严禁自行上浮或者下调 NCD 系数值来调整保险费。

计算公式为：

NCD 等级 = 赔付总次数 – 连续投保年数。

该公式针对的是连续投保的保单，对有理赔记录的，最多追溯 3 年，如果不足 3 年，则按实际年限计算，但前提是有连续的有效保单，否则，将停止追溯。

表 6-14　机动车综合商业保险示范产品费率调整系数表（2020 版）

NCD 等级	NCD 系数		出险情况
	全国（不含北京、厦门）	北京、厦门	
−5		0.4	5 年以上无赔付
−4	0.5	0.5	4 年以上无赔付（全国，不含北京及厦门）、4 年无赔款（北京）
−3	0.6	0.6	3 年无赔付
−2	0.7	0.7	2 年无赔、3 年 1 次
−1	0.8	0.8	上年无赔、2 年 1 次、3 年 2 次
0	1.0	1.0	新车、1 年 1 次、2 年 2 次、3 年 3 次
1	1.2	1.2	1 年 2 次、2 年 3 次、3 年 4 次
2	1.4	1.4	1 年 3 次、2 年 4 次、3 年 5 次
3	1.6	1.6	1 年 4 次、2 年 5 次、3 年 6 次
4	1.8	1.8	1 年 5 次、2 年 6 次、3 年 7 次
5	2.0	2.0	1 年 6 次、2 年 7 次、3 年 8 次

所谓连续保单是指，投保车辆历史保单集合中起保日期靠后的保单为上张保单（脱保时间大于 6 个月的不作为上张保单），保单起保日期与其"上张保单"终保日期间隔不超过 3 个月为连续保单。

2）自主定价系数

2020 年 9 月，银保监会颁布的《关于实施车险综合改革的指导意见》提出，引导行业将"自主渠道系数"和"自主核保系数"整合为"自主定价系数"。各保险公司自主确定自主定价系数及使用规则，在 [0.65，1.35] 的范围内调整使用。

自主定价系数的主要影响因素包括"从人"因素、"从车"因素、"渠道"等。"从人"因素主要考虑车主驾龄、驾驶习惯、年龄、性别等因素。"从车"因素主要考虑车龄、车型、驾驶里程、驾驶区域范围等。"渠道"包括电销、网销、中介、直营门店等。

3）交通违法系数

对于保监会平台已经与交通管理平台对接的地区，可以使用该系数进行费率的浮动，交通违法系数由平台返回保险公司，保险公司据实使用，不得随意调整。对于平台未与交通管理平台对接的地区，交通违法系数由平台返回保险公司系数值 1.0，保险公司不得调整。

五、核保方式

核保方式分本级核保和上级核保。本级核保完毕后，核保人应在投保单上签署核保意见。超出本级核保权限的核保内容，应上报上级公司核保。上级公司核保完毕后，应签署明确意见并返还请示公司。核保工作结束后，核保人将投保单、投保意见一并转给业务内勤部门缮制保险单证。

1. 本级核保的内容

① 审核保险单是否按规定内容与要求填写，有无错漏，审核保险价值与保险金额是否合理。对不符合要求的，退给业务人员，指导投保人进行相应的更正；

② 审核业务人员或代理人是否验证和查验车辆；是否按照要求向投保人履行了告知义务，对特别约定的事项是否在特约栏内注明；

③ 审核费率标准和计收保险费是否正确；

④ 审核有关证件。对于高保额和投保盗抢险的车辆，确认其实际情况是否与投保单填写一致，是否按照规定拓印牌照存档；

⑤ 对于高风险、高发事故严重车辆的投保提出限制性承保条件；

⑥ 对费率表中没有列明的车辆，包括高档车辆和其他专用车辆，视风险情况提出厘定费率的意见；

⑦ 审核其他相关情况。

2. 上级核保内容

① 根据掌握的情况，考虑是否承保；
② 确定已接受的投保单中涉及的险种、保险金额、赔偿限额是否需要限制与调整；
③ 确定是否需要增加特别的约定；
④ 确定已接受的投保单是否符合保险监管部门的有关规定。

六、缮制和签发保险单

1. 缮制保险单

业务内勤接到投保单及其附表后，根据核保人员的签署意见，即可开展缮制保险单工作。

保险单原则上应由计算机出具，暂无计算机设备而必须用手工出具的营业单位，必须得到上级公司的书面同意。

计算机制单的，将投保单有关内容输入保险单对应栏目内，在保险单"被保险人"和"厂牌型号"栏内登录统一规定的代码。录入完毕，检查无误后，打印保险单。

手工填写的保险单，由保监会统一监制，保险单上的印制流水号码即为保险单号码。将投保单的有关内容填写在保险单对应栏内，要求字迹清晰，单面整洁。如有涂改，涂改处必须有制单人签章，但涂改不能超过三处。制单完毕后，制单人应在"制单"处签章。

保险单缮制完毕后，制单人应将保险单、投保单及附表一起送复核人员复核。复核无误后，复核人员在保险单"复核"处签章后交由收费人员向投保人收取保险费。并在保险单"会计"处和保险费收据的"收款人"处签章，在保险费上加盖财物专用章。此时，保险单才正式产生效力。

2. 签发保险单

汽车保险合同实行一车一保险单和一车一保险证制度。投保人交纳保险费后，工作人员必须在保险单上注明公司名称、详细地址、邮政编码及联系电话，加盖保险公司业务专用章。机动车交通事故责任强制保险单、机动车商业保险保险单、组合保险保险单、保险费发票、汽车保险证如图6-2~图6-6所示。

中国银行保险监督管理委员会监制　　　　　　　　　　　　　　　　　　　　　　　　　　　限在天津市销售

本保单为中介业务，中介机构名称：兴民保险经纪有限公司(000041101993)。

机动车交通事故责任强制保险单（电子保单）

投保验证码回填时间：
收费确认时间：2022-07-16 17:05　　POS交易参考号：
投保确认时间：2022-07-16 17:22　　津
生成保单时间：2022-07-16 17:22　　保险单号：

被保险人					
被保险人身份证号码（统一社会信用代码）				联系电话	
地址					
被保险机动车	号牌号码		机动车种类	客车	使用性质	家庭自用汽车
	发动机号码		识别代码（车架号）	LFV2B20S2G5021874		
	厂牌型号	大众FV7144RBDBG轿车	核定载客	5人	核定载质量	0.000千克
	排量	1.3950L	功率	96.0000KW	登记日期	2016-09-12
责任限额	死亡伤残赔偿限额	180,000元		无责任死亡伤残赔偿限额	18,000元
	医疗费用赔偿限额	18,000元		无责任医疗费用赔偿限额	1,800元
	财产损失赔偿限额	2,000元		无责任财产损失赔偿限额	100元
与道路交通安全违法行为和道路交通事故相联系的浮动比率					-35 %
保险费合计（人民币大写）：陆佰壹拾柒元伍角			（¥: 617.50元）其中救助基金(%) ¥: 0.00元		
保险期间自 2022年09月14日0时0分起至2023年09月13日24日0分止					
保险合同争议解决方式	诉讼				
代收车船税	整备质量	1,425.00	纳税人识别号	130503197110120642		
	当年应缴	¥: 325.00元	往年补缴	¥: 0.00元	滞纳金	¥: 0.00元
	合计（人民币大写）：叁佰贰拾伍元整				（¥: 325.00元）
	完税凭证号（减免税证明号）		开具税务机关			

特别约定：
1. 本保单在保险有效期内可享受29项车辆安全检测服务1次，具体服务内容及流程请关注"天津人保财险"公众号。
2. 保险期间内，如发生本保险合同约定的保险事故造成被保险车辆损失或第三者财产损失，保险人可采取实物赔付或现金赔付方式进行保险赔付。选择采取实物赔付方式的，由保险人和被保险人在事故车辆修理前签订《实物赔付确认书》。
3. 本保单可享受代办车辆年检服务，根据保险条款，车辆检验费用、罚款及维修费用由被保险人自行承担。其中验车费用以检测机构价格为准。具体服务内容及流程请关注"天津人保财险"公众号。
4. 此业务已匹配优惠政策。

特别提示：除法律法规另有约定外，投保人拥有保险合同解除权，涉及（减）退保保费的，退还给投保人。

本保单投保人为：

重要提示：
1. 请详细阅读保险条款，特别是责任免除和投保人、被保险人义务。　含税总保险费617.50元，其中：不含税保险费合计：582.55元，增值税额总计：34.95元。
2. 收到本保险单后，请立即核对，如有不符或疏漏，请及时通知保险人办理变更或补充手续。
3. 保险费应一次性交清，请您及时核对保险单和发票（收据），如有不符，请及时与保险人联系。
4. 投保人应如实告知对保险费计算有影响的或被保险机动车因改装、加装、改变使用性质等导致危险程度增加的重要事项，并及时通知保险人办理批改手续。　投保确认号：02PICC120022071517963375884561
5. 被保险人应当在交通事故发生后及时通知保险人。

保险人：
公司名称：中国人民财产保险股份有限公司天津市滨海支公司
公司地址：塘沽区滨海新区中心商务区旷世国际大厦1-905, 1-906, 1-907, 1-908, 1-909
邮政编码：300450　　服务电话：95518　　签单日期：2022-07-16
核保：自动核保　　　　制单：

图 6-2　机动车交通事故责任强制保险单

任务二 汽车保险的核保

中国银行保险监督管理委员会监制　　　　　　　　　　　　　　　　　　　限在天津市销售

投保确认码：V0201PICC12002207106963376672

投保验证码回填时间：

收费确认时间：2022-07-16 17:05

生成保单时间：2022-07-16 17:22

机动车商业保险保险单

EEDAAZ0020ZA2

POS交易参考号：

津·12002202051603

保险单号：

鉴于投保人已向保险人提出投保申请，并同意按约定交付保险费，保险人依照承保险种及其对应条款和特别约定承担赔偿责任。

被保险人								
车主								
保险车辆情况	号牌号码				厂牌型号		大众FV7144RBDBG轿车	
	VIN码/车架号				发动机号			
	核定载客	5		人	核定载质量	0.000	千克	初次登记日期	2016-09-12
	使用性质	家庭自用汽车			年平均行驶里程	0.00	公里	机动车种类	客车

承保险种	绝对免赔率	费率浮动 (+/-)	保险金额/责任限额	保险费（元）
机动车损失保险		/	83439.20	965.59
机动车第三者责任保险		/	3000000.00	493.85
机动车车上人员责任保险（司机）		/	30000.00/座*1座	37.99
机动车车上人员责任保险（乘客）		/	30000.00/座*4座	96.40
附加机动车增值服务特约条款（道路救援服务）		/	7次	0.00
附加机动车增值服务特约条款（车辆安全检测）		/	1次	0.00

特别提示：除法律法规另有约定外，投保人拥有保险合同解除权，涉及（减）退保保费的，退还给投保人。

本保单投保人为：

保险费合计（人民币大写）：　　　　　　　　　　　　　　　　　　　　（¥ 1,593.83　　　　）元

保险期间：自2022年09月14日0时0分起至2023年09月13日24时0分止

特别约定
1. 尊敬的客户，为维护您的合法权益，现将您本次购买车辆保险的渠道相关信息告知如下：
销售渠道：□保险公司门店直销 □电话销售 □互联网销售 □个人代理 □车辆经销商代理 ☑保险中介机构代理 □其他
渠道名称及联系电话：兴民保险经纪有限公司18504229668
2. 理赔服务承诺：
3. 本保单有效期内本车免费享受车内杀菌服务一次，服务期限：自签单日期起180天内有效期，过期作废。具体服务流程请关注"天津人保财险"公众号。
4. 本保单在保险有效期内可享受29项车辆安全检测服务1次，具体服务内容及流程请关注"天津人保财险"公众号。
5. 保险期间内，如发生本保险合同约定的保险事故造成被保险车辆损失或第三者财产损失，保险人可采取实物赔付或现金赔付方式进行保险赔付。选择采取实物赔付方式的，由保险人和被保险人在事故车辆修理前签订《实物赔付确认书》。
6. 本保单可享受代办车辆年检服务，根据服务内容，车辆检验费用、罚款及维修费用由被保险人自行承担。其中验车费用以检测机构价格为准，具体服务内容及流程请关注"天津人保财险"公众号。
7. 此业务已匹配优惠政策。
8. 本保单被保险人可享受20公里内免费代驾服务3次，限天津行政区域内使用，具体服务内容及流程请关注"天津人保财险"公众号。

保险合同争议解决方式：诉讼

重要提示
1. 本保险合同由保险条款、投保单、保险单、批单和特别约定组成。含税总保险费1593.83元，其中：不含税保险费总计：1503.61元，增值税额总计：90.22元
2. 收到本保险单、承保险种对应的保险条款后，请立即核对，如有不符或疏漏，请及时通知保险人并办理变更或补充手续。
3. 请详细阅读承保险种对应的保险条款，特别是责任免除、投保人保险人义务、赔偿处理和通用条款。
4. 被保险机动车被转让、改装、加装或改变使用性质等，导致被保险机动车危险程度显著增加，应及时通知保险人。
5. 被保险人应当在保险事故发生后及时通知保险人。
6. 被保险人可通过保险人网站自主查询承保理赔信息。

保险人	公司名称：中国人民财产保险股份有限公司天津市滨海支公司	公司地址：塘沽区滨海新区中心商务区 1-905、1-906、1-907、1-908、 联系电话：95518 网址：www.picc
	邮政编码：300450	签单日期：2022-07-16

核保：自动核保　　　　　　　　　　制单：

本保单为中介业务，中介机构名称：兴民保险经纪有限公司(000041101993)。

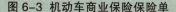

图 6-3 机动车商业保险保险单

PICC 中国人民保险

EELCOA00210   No. 12002202051588

中国人民财产保险股份有限公司　"途顺家安-随心版"组合保险保险单（电子保单）

保险单号：

鉴于投保人已仔细阅读了本保险合同所适用的保险条款，并已知悉了保险条款中免除保险人责任的内容（包括但不限于责任免除、免赔额、免赔率、比例赔付或者给付等免除或者减轻保险人责任的条款），愿意以上述保险条款的约定为基础向保险人投保"途顺家安-随心版"组合保险，并按本保险合同约定交付保险费，保险人同意按照本保险合同的约定承担保险责任，特立本保险单为凭。

如本保险合同的被保险人包含未成年人，则被保险人不满10周岁的，死亡保险金额不超过人民币20万元；被保险人已满10周岁但未满18周岁的，死亡保险金额不超过人民币50万元（但航空意外死亡保险金额及重大自然灾害意外死亡保险金额不计算在上述规定限额之中）。具体内容以中国保监会关于未成年人死亡保险金额的有关规定为准。

投保人信息	姓名/组织机构全称：			
	证件类型：身份证			
	证件号码/统一社会信用代码：			
	联系电话：			
	联系地址：			
被保险人信息	姓名/组织机构全称：			
	证件类型：身份证			
	证件号码/统一社会信用代码：			
	联系电话：			
	联系地址：			
受益人信息	若未指定，依法律处理			
	姓名：	法定受益人		
	证件类型：	—		
	证件号码：	—		
机动车辆信息	品牌型号：		座位数/核定载人数：	5
	车牌号：		车架号：	
	发动机号：			
财产地址信息	家庭财产地址：			
保障计划	（续续）驾享无忧5座基础版（0至1年）			

保障项目

按照《玻璃贴膜保险》：
　　保障项目：玻璃破碎造成的玻璃贴膜损失
　　　　　　透明薄膜，保险金额：￥1,000.00元；
按照《家庭财产损失保险条款》：
　　保障项目：家庭财产损失保险
　　　　　　房屋及其室内附属设备和室内装潢、室内财产，保险金额：￥200,000.00元；
按照《附加管道破裂及水渍保险条款》：
　　保障项目：管道破裂及水渍
　　　　　　房屋及其室内附属设备和室内装潢、室内财产，保险金额：￥5,000.00元；
按照《附加第三者责任保险条款》：
　　保障项目：第三者责任
　　　　　　第三者责任，保险金额：￥50,000.00元；
按照《个人行李财产损失保险条款》：
　　保障项目：行李物品损失
　　　　　　随车行李物品，保险金额：￥2,000.00元；
按照《交通出行人身意外伤害保险（A款）（2022版）条款》：
　　保障项目：驾驶或乘坐非营运汽车意外伤害身故、残疾给付
　　　　　　寿命或身体，保险金额：￥500,000.00元，每人保额：100000.00元；
按照《附加意外伤害住院津贴保险（C款）》条款》：
　　保障项目：意外住院津贴
　　　　　　寿命或身体，保险金额：￥45,000.00元，每人保额：9000.00元，每次免赔日数：3天，每人每日津贴给付标准：￥50.00元，总给付日数：180日；
按照《附加法定节假日意外伤害双倍给付保险（2022版）条款》：
　　保障项目：法定节假日 驾驶或乘坐非营运汽车意外伤害身故、残疾给付
　　　　　　寿命或身体，保险金额：￥500,000.00元，每人保额：100000.00元；
按照《附加意外伤害医疗保险条款（B款）》》：
　　保障项目：意外医疗费用补偿
　　　　　　寿命或身体，保险金额：￥100,000.00元，每人保额：20000.00元，给付比例：80%，每次事故免赔额：￥100.00元；

图 6-4 组合保险保险单

投保份数	1
保险费合计（元）	人民币（大写）叁佰贰拾捌元整 ¥328元（其中：不含税保险费总计：311.35元，增值税额总计：16.65元）
保险期间	共12个月，自2022年07月17日零时起，至2023年07月16日二十四时止
保险合同争议解决方式	■诉讼　　□提交　　仲裁委员会仲裁
特别约定	1.（1）出险时若车辆实际载人数小于或等于核定载人数，各保障项目的每人保险金额为：该保障项目的总保险金额/核定载人数。（2）出险时若车辆实际载人数大于核定载人数各保障项目的每人保险金额为：该保障项目的总保险金额/实际载人数。（3）保险人对各保障项目项下累计给付的保险金之和不超过本保单该保障项目的总保险金额。（4）被保险人未参加社会基本医疗保险或公费医疗的，意外医疗费用补偿责任的每次事故免赔额调整为750元，给付比例调整为60%。 2. 手提包、公文包、储物包赔偿限额400元，烟酒赔偿限额400元，电脑、摄影器材、手机等电子设备赔偿限额500元，每次事故特殊标的赔偿限额1000元。每次事故绝对免赔率为损失金额的10%。汽车玻璃贴膜前挡玻璃、后挡玻璃、其他单片车窗玻璃贴膜的赔偿限额分别为：500元、250元、250元 3. 1. 本保单的标的房屋为被保险人拥有合法产权的钢结构、钢混结构、混合结构的住宅一套；2. 兹经投保人与保险人协商同意，本保单对于低于当地地平面（包括但不限于地下室、半下沉式地下室、下沉式小院等）的房屋和其内部存放的财产，由于暴雨或城市内涝造成的损失，保单累计及每次事故赔偿限额为200元；3. 本保单标的室内财产中，家用电器和文体娱乐用品、衣物和床上用品、家具及其它生活用具的保额占比为4:3:3。 4. 手提包、公文包、储物包赔偿限额300元，烟酒赔偿限额200元，电脑、摄影器材、手机等电子设备赔偿限额500元，每次事故特殊标的赔偿限额1000元。每次事故绝对免赔率为损失金额的10%。 5. 1. 本保单的标的房屋为被保险人拥有合法产权的钢结构、钢混结构、混合结构的住宅一套；2. 兹经投保人与保险人协商同意，本保单对于低于当地地平面（包括但不限于地下室、半下沉式地下室、下沉式小院等）的房屋，由于家庭燃气用具、电器、用电线路、雷电以及其它内部或外来火源引起的火灾；家庭燃气用具、液化气罐以及燃气泄漏引起的爆炸造成的损失，保单累计及每次事故赔偿限额为200元。

销售单位：天津市滨海支公司续保业务部

全国统一电话：95518　　　　　网址：www.picc.com　　　　　签单日期：2022年07月…

核保：　　　　　　　制单：　　　　　　　业务员：

尊敬的客户：您可通过本公司官网（www.picc.com）、95518客服热线、中国人保APP查询、验证保险单信息。若对查询结果有异议，请及时联系本公司。如果出险请及时拨打95518客服热线报案。

图 6-4 组合保险保险单（续）

保 险 业 专 用 发 票
INSURANCE TRADE INVOICE

发票联　INVOICE

保单流水号：0880703950　　　　　发票代码：244000830021
开票日期：投保人：　　　　　　　　发票号码：03425595
Date of issue 2009年01月04日

付款人：
Payer

承保险种：一般机动车辆保险　　　　车牌号码：暂未上牌
Coverage

保险单号：　　　　　　　　　批单号：
Policy No　　　　　　　　　　End. No.

保险费金额（大写）：人民币玖佰伍拾元整　　（小写）：CNY950.00
Premium Amount（In Words）　　　　　　　（In Figures）

代收车船税（小写）：　　　　　　　滞纳金（小写）：
Vehicle & Vessel Tax（In Figures）　　Overdue fine（In Figures）

合计（大写）：人民币　　　　　　　（小写）：
Consist（In Words）　　　　　　　（In Figures）

附注：交通强制保险
Remarks

保险公司名称：　　　　　复核：　　　　　　　经手人：
Insurance Company　　　Checked by　　　　　Handle

保险公司盖章：　　　　　地址：广州市下塘西路584号　　电话：86573090
Stamped by Insurance Company　Add　　　　　　　　　Tel

保险公司纳税人识别号：　　　　　　　　（手写无效）
Taxpayer Identification No.　　　　Not Valid if in Hand Written

第二联　发票联　付款方留存

图 6-5 保险费发票

图 6-6 汽车保险证

简答题

1. 保险展业的定义是什么？

2. 承保的工作流程是什么？

3. 核保的概念是什么？

4. 核保有哪七个主要内容？

课题七 汽车保险现场的查勘与定损

知识目标

1. 了解现场查勘的意义、目的和要求。
2. 掌握现场查勘与定损的工作流程。
3. 了解现场查勘与定损的原则。
4. 掌握判别事故真伪和事故车零部件受损程度的辨别能力。

能力目标

1. 能够进行汽车易损件的定损。
2. 能够进行汽车变形和破损痕迹鉴别。
3. 能够进行汽车火灾事故的查勘与定损。
4. 能够进行汽车水灾事故的查勘与定损。

任务一 现场查勘概述

一、现场查勘的定义

现场查勘指用科学的方法和现代技术手段，对交通事故现场进行实地验证和查询，将所得的结果完整而准确地记录下来的工作过程。

二、现场查勘的原则

服务至上、实事求是、主动、迅速、准确、合理。

三、现场查勘的意义、目的和要求

现场查勘工作是提高保险公司信誉，把好理赔出口关的重要环节。现场查勘工作质量的好坏，直接影响保险合同双方当事人的利益。在现场查勘过程中，理赔人员要尊重事实，严格按照国家有关法规及保险条款办事，并且掌握和熟悉现场查勘方法，妥善解决各类现场查勘中的实际问题。

现场查勘是车辆保险事故处理过程中一项重要的程序，现场查勘是证据收集的重要手段，是准确立案、查明原因、认定责任的依据，是保险赔付的重要依据。因此，现场查勘在保险事故处理过程中具有非常重要的意义。

1. 现场查勘的意义

（1）现场查勘是保险赔付的最基础工作

对于保险车辆，一旦发生交通事故，就涉及赔付问题。只有通过第一现场的查勘才能确定事故的真伪、事故原因及事故态势，它是确定赔付的基本依据和确认事故案件真实性的基础。

（2）现场查勘是事故处理的起点和基础工作

只有通过严格细致的现场查勘，才能正确揭示事故产生、发展的过程；通过对现场各种物证痕迹等物理现象的分析研究，发现与事故有关联的逐项内在因素。也只有通过周密的现场查勘、询问当事人、访问证明人等调查活动，才能掌握第一手材料，对案情做出正确的判断。有了正确的判断，就能正确认定事故责任。

（3）现场查勘是收集证据的基本措施

证据是查明事故原因和认定事故责任的基本依据。车辆交通事故是一种纯物理现象，交通事故的发生必然引起现场客观事物的变化，在现场留下痕迹物证。因此，对现场进行细致的、反复的查勘，对现场遗留下的各种痕迹物证加以认定和提取，经过检验与核实，就成为事故分析的第一证据。

2. 现场查勘的目的

（1）确认标的

通过对车辆信息的比对，确认是否为承保的保险标的。

（2）确定事故的真实性

通过对现场的各种痕迹物证进行分析调查，查明事故的主要情节，确定事故是否真实。

（3）确定保险责任

通过对现场周围环境或道路条件的查勘，可以了解道路、视距、视野、地形、地物对事故发生的客观影响；通过对当事人和证明人的询问和调查，可以确认当事人双方违反交通法规的主观因素。只有这样，才能分析事故的起因是否属于保险列明的责任。

3. 查勘现场的要求

（1）及时迅速

现场查勘是一项时间性很强的工作，赶赴现场必须迅速、及时。现场查勘要力争在发案后短时间内遗留的痕迹、物证明显清晰的有利条件下抓紧进行，绝不能拖延时间，否则，可能会由于人为和自然的原因，使现场遭到破坏，失去查勘机会，贻误收集证据的时间，给事故的调查、处理工作带来困难。所以，事故发生后，查勘人员要用最快的速度赶到现场。

（2）细致完备

现场查勘是事故处理程序的基础工作。现场查勘一定要做到细致完备、有序，细致地查勘现场是获取现场证据的关键。查勘过程中，不仅要注意发现那些明显的痕迹证物，而且要特别注意发现那些与案件有关的不明显的痕迹证物。切忌走马观花、粗枝大叶的工作作风，以免由于一些意想不到的过失使事故复杂化，使事故处理陷于困境。还要特别注意当事人对事故叙述的关键对白是否符合常理（事故逻辑）。

（3）客观全面

在现场查勘的过程中，一定要坚持客观、科学的态度，要遵守职业道德。在实际中可能出现完全相反的查勘结论，要积极地加以论证，要尽力防止和避免出现错误的查勘结果。

（4）文明服务

在现场查勘的过程中，要爱护公私财物，尊重被讯问、访问人的权利，尊重当地群众的风俗习惯，注意社会影响，维护保险公司的形象。

四、现场查勘流程

现场查勘流程如图 7-1 所示。

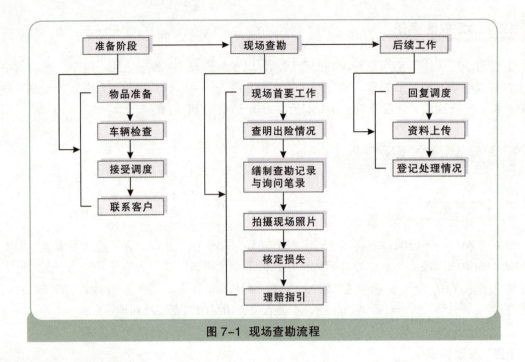

图 7-1 现场查勘流程

1. 查勘准备

(1) 物品准备

如相机、录音笔、卷尺、施救工具（备胎、油桶、拖车绳、千斤顶、过江龙等）、安全警示装置（反光背心、雪糕筒等）、索赔单证（查勘单、定损单、索赔申请书、询问笔录、协议书等）、签字笔、印油等。

(2) 查勘工作车检查

①查勘工作车情况：仪表、灯光、燃油、制动。
②随车物品：警示标志、应急灯、雨衣或雨伞等。

(3) 接受调度

使用标准用语，准确、完整地记录好调度提供的案件信息，了解出险车辆的承保及出险情况。

(4) 联系客户

①联系时间：3分钟内电话联系，之后每10钟左右联系一次。
②联系内容：自我介绍，说明来意。确认事故情况及地点，要求客户简要指引处理现场，告知自己所处位置和大概到达时间，安抚客户情绪，提醒客户注意安全，说服客户等。
③现场态度：礼貌、耐心、面带微笑。

2. 现场查勘

（1）现场首要工作

①到达查勘地点后，首先打开录音笔，同时使用标准服务话语向事故当事人进行自我介绍。对于未按要求或约定时间到达现场的必须致歉。

②如果保险标的或受伤人员尚处于危险中，应立即协助客户采取有效的施救、保护措施，避免损失扩大。

③指导标的车的事故当事人正确填写《机动车辆保险索赔申请书》，并要求客户签字确认。对客户不明白的事项进行详细解释。

④对于损失超过交强险责任限额或涉及人员伤亡的案件，应提醒事故当事人向交通管理部门报案。

（2）查明出险情况

1）查明肇事驾驶员和报案人情况

①确认肇事驾驶员和报案人身份，核实其与被保险人关系。

②查验肇事驾驶员的驾驶证。确认驾驶证是否有效；驾驶的车辆是否与准驾车型相符；驾驶人员是否是被保险人或其允许的驾驶员；特种车驾驶员是否具备国家有关部门核发的有效操作证；营业性客车的驾驶员是否具有国家有关行政管理部门核发的有效资格证书。若前述证件有不合格的，应当用数码相机拍照，取得证据。

③若发现标的车驾驶员有酒后或醉酒以及有吸食或注射毒品的嫌疑，且当时未向交管部门报案的，应主动要求肇事驾驶员和报案人立即向交管部门报案（若标的当事人不配合报案，需说明利害关系，必要时代为报案），并做好询问和取证工作。

④准确记录被保险人或驾驶员的联系方式。

2）查验出险车辆情况

查验保险车辆信息

- 查验车型、车牌号码、牌照底色、发动机号、VIN码、车辆颜色等信息，并与保险单以及行驶证和保险标志所载内容进行核对；
- 查验标的车辆保险期限是否有效；
- 标的车辆出险时的使用性质与保单载明的是否相符；
- 车辆结构有无改装或加装，是否有车辆标准配置以外的新增设备；
- 是否运载危险品；
- 是否有超载情况。

查验第三方车辆信息

- 查验并记录第三方车辆的车牌号码、车型,交强险和商业险的承保公司;
- 记录第三方驾驶员姓名、联系方式等信息;
- 核对交强险标志与保单内容是否相符并拍照。

3)查明出险经过

 核实出险时间

- 对出险时间接近保险起讫期出险的案件,应特别引起注意,认真查实;
- 了解车辆启程或返回的时间、行驶路线、委托运输单位的装卸货物时间、伤者住院治疗的时间等,以核实出险时间;
- 核对报案时间是否超过出险时间48小时。

 核实出险地点

- 查验出险地点与保险单约定的行驶区域范围是否相符;
- 对擅自移动现场或谎报出险地点的,需进一步深入调查;
- 查验事故现场是否存在碰撞散落物、碰撞痕迹是否吻合等,以此判断是否为事故第一现场;
- 盗抢险案件应在车辆被盗地点周围进行调查询问,以确定出险时间内车辆是否被真实停放过。

 查明出险原因

出险的真实原因是判断保险责任的关键,对原因的确定应采取深入调查,切忌主观武断、先入为主。对于事故原因的认定应有足够的事实依据,通过必要的推理,得出科学的结论,应具体分析说明是客观因素还是人为因素,是车辆自身因素还是受外界影响,是严重违章还是故意行为或违法行为等,尤其对于保险责任的查勘,应注意确定是外部原因引起、是损伤形成后没有进行正常维修而继续使用造成损失扩大所致,还是车辆故障导致事故。

对损失原因错综复杂的,应运用近因原则进行分析,通过对一系列原因的分析,确定导致损失的近因,从而得出结论。凡是与案情有关的重要情节,都要尽量收集、记载,以反映事故全貌,同时,应获取证明材料,收集证据。对可能存在酒后驾车或无照驾驶、执照的准驾车型与实际车型不符等情况的,应立即从公安交警部门获取相应证人证言和检验证明。

4)判断保险责任

- 对事故是否属于保险责任进行初步判断,应结合承保情况和查勘情况,分别判断事故是

否属于机动车交通事故责任强制保险或商业机动车辆保险的保险责任,对是否立案提出建议;

● 对不属于保险责任或存在条款列明的责任免除、加扣免赔率的,应收集好相关证据,并在查勘记录中注明;

● 暂时不能对保险责任进行判断的,应在查勘记录中写明理由;

● 查勘人员应根据事故所涉及的损失情况和损失金额,初步判断事故涉及的责任险别;

● 对本次查勘案件在系统内有历史赔付记录的,必须调出近两次历史赔付记录,核对历史记录中的损失照片及定损资料,确认是否与本次损失有联系。如存在同一损失重复索赔的,应剔除该损失或予以拒赔;

● 初步判断责任划分情况如下:

①交警部门介入事故处理的,依据交警部门的认定;

②交警部门未介入事故处理的,可指导当事人根据《中华人民共和国道路交通安全法》及实施条例、《交通事故处理程序规定》和当地有关交通事故处理法规,协助事故双方协商确定事故责任并填写《协议书》。

③当事人自行协商处理的交通事故,应根据协议书内容,结合有关交通事故处理法规核实事故责任。发现明显与实际情况不符的,应要求被保险人重新协商或由交警出具交通事故责任认定书。

(3)缮制查勘记录

①根据查勘情况,认真、详尽地填写《查勘报告》,肇事司机或报案人应在《查勘报告》上签字确认。现场查勘报告一般样式如表7-1和7-2所示。

表7-1 机动车辆保险现场查勘报告(正面)

出险情况	出险地点		是否第一现场		现场挪动原因	
	出险时间		出发起程日期		行驶路线	
	出险原因		主观原因		客观原因	
	驾驶员		驾驶证号		准驾车型	
	酒后驾驶		驾驶证是否有效		驾驶员年龄	
	出险险别		车上人员伤亡		第三者人员伤亡	
	第三者财产损失		施救方式		同车人员姓名	
车辆情况	制动性能		轮胎情况		出事后手柄位置	
	行驶证号		年检情况		车主	
	核定座/吨位		实载座/吨位		车架号	
	厂牌型号		登记日期		发动机号	
	车载货物		车况		车辆产地	
道路情况	路面情况		路面附着情况		弯道或弧度	
	车辆通行量		人车混道否		路面障碍	
	刹车印长		现场遗留物		气候	

续表

报案情况	向公安机关报案时间		交警是否到现场		交警姓名	
	定责初步意见		交警处理意见		标的车交强险承保公司	
	标的车是否承保交强险		三者是否承保交强险		三者交强险承保公司	
查勘分析						

查勘人：　　　　　　　　　　　　　　　　　　　　　　　　　　　　　年　　月　　日

表 7-2　机动车辆保险现场查勘报告（反面）

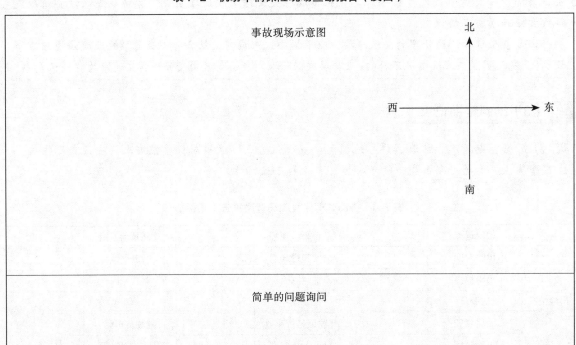

被调查人签字：　　　　　　　　　　　　　　　　　　　　　　　　　年　　月　　日

② 涉及人员伤亡的，要分别登记保险车辆车上人员和第三者车辆、车外人员的死亡、受伤人数。

③ 对于多车互碰的案件，应对所有第三者车辆的基本情况逐车进行记录。

④ 对事故中受损的财产，应详尽记录受损物的名称、类型、规格、数量、重量等。

⑤ 重大、复杂或有疑点的案件，应在询问有关当事人、证明人后，在《车辆事故查勘询问笔录》中记录，由被询问人签字确认，并及时上报公司相关负责人。

⑥ 对查勘中发现的问题，需提醒下一步理赔环节注意的问题，应在《查勘报告》中详细注明。

⑦ 绘制现场草图（严格按《道路交通事故现场图形符号》绘制），现场草图应基本能够反映事故现场的道路、方位、车辆位置、肇事各方行驶路线、外界因素等情况。

（4）拍摄现场照片

1）拍摄现场照片的意义

现场照片是用拍照的方法把现场记录下来，照片信息形象真实，能弥补文字、绘图难以描绘的情景。

2）拍摄现场照片的内容

- 现场方位、概览、中心（重点）、细目照相；
- 现场环境、痕迹勘验、人体（伤痕）照相；
- 道路及交通设施、地形、地物照相；
- 分离痕迹、表面痕迹、路面痕迹、衣着痕迹、遗留物和受损物规格、编码照相；
- 车辆检验（车架号、发动机号）、驾驶证、行驶证检验照相。

3）拍摄现场照片的步骤

"现场方位→现场概貌（含牌照的标的损失全貌）→重点部位→损失细目"这四个步骤的照片，要彼此联系、相互印证。

4）拍摄现场照片的原则

- 先拍摄原始状况，后拍摄变动状况；
- 先拍摄现场路面痕迹，后拍摄车辆上的痕迹；
- 先拍摄易破坏消失的，后拍摄不易破坏和消失的。

5）拍摄现场照片的要求

- 准确全面地反映保险责任及事故车的受损范围和程度；
- 拍摄保险车辆特征，包括车牌号、车架号、铭牌、发动机号照片；

- 拍摄保险车辆的行驶证（客运车辆准运证）、驾驶员的驾驶证（驾驶客运车辆驾驶员准驾证、特种车辆驾驶员操作资格证）。
- 双方或多方事故，应拍摄第三者车辆的"交强险标志"，正面及背面均需拍摄。条件允许的，应拍摄第三者车辆交强险保险单。
- 必要时可要求相关证人或肇事司机（无证驾驶）与受损车辆拍摄合影照片。主班查勘人员必须与出险车辆合影。
- 夜间拍摄时，可使用查勘专用手电或现场其他照明工具（车辆大灯），提高现场亮度，保证照片清晰可辨。
- 第一现场（包括补勘第一现场）照片能够反映出事故现场的全貌，有明显的参照标志物，如道路全貌（交叉路口情况、道路宽度）、路标、建筑物等，以便于确定大致方位；顺车辆运动方向（包括刹车痕迹）拍摄事故撞击点；
- 网上车险理赔系统上传照片的顺序。照片按先远后近、先外后内、先全貌后配件顺序上传；
- 在车场或现场对事故车定损拍照时，一定要先拍整车（四方向拍摄，应能反映车牌号码），以判断标的出险行驶方向、碰撞着力点和碰撞走向；车牌脱离车体时，需复位拍照，严禁单独拍摄车牌及损失部位，尤其要注意对隐损部位的拍照；
- 对受损部位整体相向拍照，以确定碰撞痕迹和损失范围；
- 凡需要更换或修理的部件、部位均必须进行局部特定拍照；
- 内部损失解体后，必须对事故部位补拍照片，并能反映事故损伤原因；
- 对照片不能反映出的裂纹、变形，要用手指向损坏部位拍照或对比拍照与标识拍照，并能反映损伤原因，尤其对事故造成轴、孔损伤拍摄的，一定要有实测尺寸照片；
- 拍摄玻璃照片时应注意玻璃的光线反光，玻璃单独破碎险中玻璃损坏不严重，先拍一张照片，再击打玻璃受损处使损伤扩大明显后，再拍一张照片；
- 一张照片已能反映出多个部件、部位受损真实情况的，不需单个或重复拍照，但重大配件或价格较贵的配件，必须有能反映损伤、型号规格或配件编码的单独照片；
- 局部拍照时，需持稳相机，同时相机要聚焦，照片要求清晰并有辅助照片反映所处部位；
- 受损货物照片。照片应能够反映出财产损失的全貌及损失部位，多处受损应分别拍摄；带包装的物品受损，应将包装拆下后拍摄，并注意拍摄包装物上的数量、类型、型号、重量等；价值较高的货物，在分类后单独编号拍摄。
- 相机的日期顺序调整为年、月、日、小时、分钟、秒；且显示日期必须与拍摄日期一致，严禁以各种理由调整相机日期；
- 相机的焦距调整准确，光线适用得当；
- 数码相机像素调整为 480×640，照片大小不超过150K；
- 为了提高系统资源使用效率，要求提高照片的使用效率，严禁同类照片的重复拍摄与录入。

（5）现场定损

根据保险公司规定，符合现场定损条件（如事故真实、损失较小、未超过现场定损金额权限、单证齐全有效、客户同意定损金额等）的可现场定损，开具损失确认单。

（6）理赔指引

1）索赔必备资料

定损单、查勘记录单、索赔申请书、驾驶证、行驶证、保险单、维修发票原件及身份证复印件等。人伤案、盗抢案、火烧案等大事故还需提供更多的相关资料。

2）保险公司信息

客服中心地址、电话、营业时间。

3. 后续工作

（1）回复调度

将查勘结果及时回复调度，主要内容包括已查勘案件处理结果及未查勘案件原因。

（2）资料上传

查勘员回到公司，应立即将事故现场照片和单证资料存档归类，并将查勘报告、相片在规定时效内上传保险公司理赔系统和公司核心业务系统，并将查勘单证交由内勤保存。

（3）案件处理情况登记

系统上传完毕后，要在案件记录本上对所处理案件作详细登记，注明处理节点，以备跟踪查阅。

任务二 汽车定损概述

一、汽车定损的原则

出险车辆经现场查勘后，已明确属于保险责任而需要修理时，保险人在保证被保险人的权益不受侵害、不影响车辆性能的前提下，对出险车辆的定损应遵循以下原则：

①修理范围仅限于本次事故中所造成的车辆损失（包括车身损失、车辆的机械损失）；
②能修理的零部件尽量修复，不要随意更换新的零部件（主要指钣金件、塑料件、机械配件、电子元件、易耗材料）；
③能局部修复的，不能扩大到整体修复（主要是对车身表面漆的处理）；
④能更换零部件的，坚决不能更换总成件；
⑤根据修复工艺难易程度，参照当地工时费用水平，准确确定工时费用；
⑥准确掌握汽车零配件价格。

二、汽车定损工作流程

汽车定损工作流程如图7-2所示。

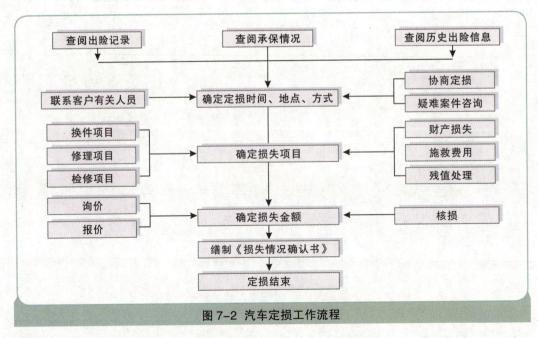

图7-2 汽车定损工作流程

三、汽车定损工作要点和技巧

1. 查阅查勘记录

了解事故损失情况和查勘员查勘意见，对非本次事故的损失不予确定。

2. 确定保险车辆损失项目

注意在定损项目中剔除保险车辆标准配置以外的新增设备损失（未承保新增设备损失险）；区分事故损失与机械损失的区别（比如机械故障本身的损失、轮胎自爆的损失、锈蚀零部件的损失）；剔除保险条款中的除外责任所对应的损失（比如发动机进水造成发动机的损失）；对照历史案件信息，剔除本次损失中重复索赔的项目。

3. 与客户协商确定修理、换件、检修项目方案

坚持以修复为主的原则，如客户要求将应修复零部件改为更换时，超出部分的费用应由其自行承担，并在《机动车保险车辆损失情况确认书》中注明。

4. 残值的处理

残值归被保险人的，应合理作价，并在定损金额中扣除；保险公司回收残值的，应按照损余物资处理规定做好登记、移交工作。对于可修可换的零部件定损为更换的，尤其是一些价值较高的零部件，为防止道德风险，应要求回收残值。

5. 对更换零部件进行询价、报价

属于上级公司规定的报价车型和询价范围的，向上级公司询价。不属于上级公司报价范围的，根据当地报价规定，核定配件价格。上级公司对于询价金额低于或等于上级公司报价金额的，进行核准操作；对于询价金额高于上级公司报价金额的，应逐项报价。

6. 工时费的确定

工时费的定价应以当地修理行业的平均价格为基础，并适当考虑修理厂的资质，与被保险人协商确定。一般轻微事故中，可按维修项目分项定价；对重大事故的定损，应采取工时费包干的办法与修理厂进行谈判，一般应先谈妥工时费，再拆解事故车辆，避免给谈判不成变更修理厂带来被动。

7. 对超权限案件，提交核损岗进行核损

核损未获通过的，按核损员要求对定损项目进行重新确定。

8. 出具《损失情况确认书》

核损通过后，可根据换件项目、修理项目的有关内容，与被保险人签订《机动车保险车辆损失情况确认书》（含零部件更换项目清单和修理项目清单）。《机动车保险车辆损失情况确认书》一式两份，经被保险人签字确认，保险人、被保险人各执一份。

任务三　汽车构造易损件的定损方法

一、汽车发动机及其辅助装置的定损方法

汽车发动机，尤其是小型轿车和载重汽车的发动机，一般布置于车辆前部发动机舱内。车辆发生迎面碰撞事故，不可避免地会造成发动机及其辅助装置的损伤。对于后置发动机的大型客车，当发生追尾事故时，有可能造成发动机及其辅助装置的损伤。

1. 根据碰撞程度不同，造成发动机及其辅助装置的损伤情况

具体归纳如下：
① 轻微碰撞时，发动机基本不会受到损伤。
② 碰撞强度较大，车身前部变形较严重时，发动机的一些辅助装置及覆盖件会受到波及和诱发的影响而损坏，如空气滤清器总成、蓄电池、进排气管、发动机外围各种管路、发动机支撑座及胶垫、冷却风扇、发动机时规罩等，尤其对于现代轿车，发动机舱的布置相当紧凑，还可能造成发电机、空调压缩机、转向助力泵等总成及管路和支架的损坏。
③ 比较严重的碰撞事故、发动机进水或直接拖底时，可能导致发动机损坏。
④ 非常严重的碰撞事故会波及发动机内部的轴类零件，致使发动机缸体的薄弱部位破裂，甚至使发动机报废。

2. 发动机拖底造成的损伤与定损方法

（1）发动机拖底造成的损伤

发动机拖底会造成油底壳部分的凹陷变形；如果程度较重的话，还可能使壳体破损，导致机油泄漏；如果程度严重的话，甚至会导致油底壳里面的机件变形、损坏，无法工作。

发动机拖底后，如果驾驶员没有及时熄火，油底壳内的机油将会大量泄漏，导致机油泵无油可泵，使发动机的曲轴和气缸得不到机油的充分润滑和冷却，致使曲轴抱死和粘缸，严重的，会造成发动机报废。另外，由于机油压力的降低，发动机的凸轮轴、活塞和气缸缸筒也会因缺油而磨损或抱死。

（2）发动机拖底的定损方法

发动机拖底后，不要急于将发动机从车上拆下来。首先用手转动曲轴，检查曲轴转动是否正常，然后根据检查情况决定是否拆检。

①转动曲轴，如果曲轴转动正常，说明曲轴没有烧损现象，更换油底壳或机油泵、机油泵滤清器后加注机油；

②转动曲轴，如果感到转动困难或无法转动，说明曲轴很可能与轴瓦烧蚀或已经抱死，这时应将发动机从车上拆下，将曲轴瓦盖、连杆瓦盖揭开，检查曲轴、连杆、活塞及活塞环、缸筒、凸轮轴等的损坏情况。

1）曲轴的检查

货车发动机的曲轴可以在允许范围内进行磨修。曲轴轴瓦可根据曲轴修理级别进行选配。不过，一般轿车发动机的曲轴是不允许加工的，损坏后只能更换整个曲轴，定损时最好得到专业维修站的证实之后再做决定。

2）连杆的检查

连杆的检查主要集中在连杆的弯扭变形、连杆轴承及连杆轴承座孔的磨损和烧蚀等。连杆轴瓦一般以更换为主。

3）活塞及活塞环与缸筒的检查

对活塞及活塞环与缸筒的更换，一是要注意划痕深度，二是要测量活塞与缸筒间隙。通过对上述二者的分析，准确区分是正常磨损还是事故损伤，从而决定活塞及活塞环与缸筒的更换是否属于保险责任。

4）凸轮轴的检查

凸轮轴在缸体上的位置较高，其孔座是在缸体上直接镗出的，凸轮轴与孔座之间安装轴瓦（顶置凸轮轴没有轴瓦）。缺油后，凸轮轴与轴瓦的磨损会加剧、烧蚀，对于轿车发动机，甚至会造成缸盖报废。凸轮轴轴瓦损坏后，一般以更换为主。凸轮轴与孔座都有标准尺寸，如超出标准值，则应更换。

3. 发动机附件的定损方法

①发动机正时皮带及附件因撞击破损和变形，以更换修复为主；

②油底壳轻度变形，一般无须修理，放油螺栓处碰伤及中度以上的变形，以更换为主；

③发动机支架及其胶垫因撞击变形、破损，以更换修复为主；

④进气系统因撞击破损和变形，以更换修复为主；

⑤排气系统中最常见的撞击损伤形式为发动机移位造成的排气管变形。由于排气管长期在高温下工作，氧化现象较严重，通常无法整修。消声器吊耳因变形超过弹性极限破损，也是常见的损坏现象，应更换修复。

4. 发动机辅助装置定损方法

（1）水箱及附件的定损方法

水箱及附件包括：水箱、进水管、出水管、副水箱等。

① 水箱常有两个塑料水室，水室破损后，一般需要更换；
② 水管的破损一般以更换方式修复；
③ 水泵皮带轮是水泵中最易损坏的零件，变形后通常以更换为主，较严重的，会造成水泵前段轴承处的损坏，一般更换水泵前段即可，不必更换水泵总成。

（2）风扇及附件的定损方法

① 风扇护罩轻度变形，一般以整形校正为主，严重的变形，通常采取更换的方法修复。
② 主动风扇叶与从动风扇叶破碎后需要更换总成，原因是风扇叶是不可拆卸式，且无风扇叶购买。
③ 风扇皮带在碰撞后一般不会损坏，由于其正常使用的磨损也会造成损坏，拆下后如果需要更换，应确定是否是碰撞原因所致。

二、汽车底盘的定损方法

1. 变速器的定损方法

变速器总成与发动机组装为一体，并作为发动机的一个支撑点固定于车架上，变速器的操纵机构又都布置在车身底板上。因此，当车辆发生严重碰撞事故时，由于波及和诱发原因，会造成变速器的操纵机构受损、变速器支撑部位壳体损坏、飞轮壳断裂损坏。这些损伤程度的鉴定，需要将发动机拆下进行检查鉴定。

（1）变速器及其主要构件的定损方法

1）传动轴及附件的定损方法

中低档轿车多为前轮驱动，碰撞常会造成外侧等角速万向节破损，常以更换方式修复，有时还会造成半轴弯曲变形，也以更换方式修复为主。

2）变速器的定损方法

手动变速器主要由变速器壳体、齿轮组、挂挡轴、拨叉组、换挡拉杆等组成。
手动变速器损坏后，其内部的机件基本都可以独立更换。对变速器齿轮、同步器、轴承等部件的鉴定，碰撞后只有断裂、掉牙才属于保险责任，正常磨损不属于保险责任，在定损中要注意界定和区分。

变速操纵系统遭撞击变形后，轻度的损坏，常以整修修复为主，中度以上的损坏，以更换为主。

（2）自动变速器拖底的定损方法

对于自动变速器，从保险角度看，其损伤形式主要是拖底，其他类型损伤极少。自动变速器拖底后，应将受损车辆拖运到修理厂的举升机上，将车举起，拆下变速器油底壳进行检查定损。

①拆下变速器油底壳，分别检查机油滤清器、滑阀总成、变速器壳等，如果只是变速器油底壳和机油滤清器损坏，其他部件没有断裂与损坏，可以只更换变速器油底壳和滤清器。经过加油、着火、试车各环节后，如没有异常，表明定损完毕；

② 拆下变速器油底壳，如果发现滑阀体断裂或箱体断裂，一般情况下需要更换箱体和滑阀体总成；

③使用时间较长的变速器的离合器、制动器等机件已经磨损、老化。所以查勘时要特别注意，没有把握时不要盲目建议解体自动变速器，而是应该通知车主和修理厂，在保险查勘人员不在场的情况下，任何人不得私自解体变速器，还要注意事故损坏件与自然损坏件的鉴别。

案例一：发动机工作正常，自动变速器挂上档后无法前进

一辆通用别克GL8商务车在停车场被一辆大型货车倒车时撞上，发动机罩、前格栅、左大灯等损坏，发动机工作正常，自动变速器挂上挡后无法前进。

分析：

现场是停车场，车前有1米长左右的擦痕，未发现其他异常。发动机工作正常，挂挡后车辆不行走，拔出机油尺检查变速器的油面，显示正常。送维修厂，拆开变速器后发现，离合器、制动器的摩擦片有烧蚀现象，部分严重脱落，有大量的摩擦片成刀片状的金属片。输入、输出载体已卡死，变速器无法正常运转。

经查，客户的通用别克GL8是02款系列，车辆已行驶26万多千米，变速器除更换ATF油外，没做过其他保养。从变速器中的摩擦碎片来看，车辆的驾驶方法不当，摩擦片存在烧蚀，摩擦片已人人超出了使用寿命。摩擦片强度下降、严重磨损是其脱落的主要原因。经汽车维修管理技术部门鉴定，摩擦片的脱落是保养不当、自然磨损造成的，不是碰撞引起的。最后确定，别克GL8所造成的自动变速器损坏的事故按除外责任进行处理。

2. 悬架系统的定损方法

悬架是车架与车桥之间的一切传力装置的总称。

前悬架系统及相关部件主要包括悬架臂、转向节、减振器、稳定杆、发动机托架、制动盘等。

车辆遭受碰撞事故时，悬架系统由于受到车身或车架传导的撞击力，悬架弹簧、减振器、悬架上支臂、悬架下支臂、横向稳定器和纵向稳定杆等元件会有不同程度的变形和损伤。悬架系统元件的变形和损伤往往不易直接观察到，在对其进行损伤鉴定时，应借助检测设备和仪器进行必要的测量及检验。这些元器件的损伤一般不宜采用修复方法修理，应换新件，在车辆定损时应引起注意。

减振器主要鉴定是否在碰撞前已损坏。减振器是易损件，正常使用到一定程度后会漏油，如果外表已有油泥，说明在碰撞前已损坏。如果外表无油迹，说明是碰撞造成弯曲变形，则应更换。

3. 转向系统的定损方法

转向系统的技术状况直接影响行车安全，而且由于转向系统的部件都布置在车身前部，通过转向传动机构将转向机与前桥连接在一起。当发生一般的碰撞事故时，撞击力不会波及转向系统元件。但当发生较严重的碰撞事故时，由于波及和传导作用，会造成转向传动机构和转向机的损伤。

转向系统易受损伤的部件有转向横直拉杆、转向机、转向节等，比较严重的碰撞事故，会造成驾驶室内转向杆调整机构的损伤。

转向系统部件的损伤不易直接观察，在车辆定损鉴定时，应配合拆检进行，必要时作探伤检验。

4. 制动系统的定损方法

车辆制动性能下降会导致交通事故，造成车辆损失。车辆发生碰撞事故时，同样会造成制动系统部件的损坏。

对于普通制动系统，在碰撞事故中，由于撞击力的波及和诱发作用，往往会造成车轮制动器的元器件及制动管路损坏。这些元器件的损伤程度需要进一步拆解检验。

对于装用 ABS 系统的制动系统，在进行车辆损失鉴定时，应对有些元件进行性能检验，如 ABS 轮速传感器、ABS 制动压力调节器。管路及连接部分的损伤可以直观检查。

三、车身的定损方法

车辆的车身，尤其是客车的车身是车辆的主体结构部分，在碰撞、刮擦和倾翻等交通事故中，车身往往是受损最严重的部分。

车身由于事故遭受损伤后的修复工作，是一项工艺复杂且技术性很强的专业工作，事故车的定损应考虑到工艺的复杂性和技术性，因此，为了保证准确地定损核价，也为了保证因事故受损的车辆能够修旧如新，从事保险理赔的事故车辆定损人员也必须十分熟悉车身的材料和结构特点、生产工艺、车身造型、车身维修工艺特点等。

四、汽车空调系统的定损方法

汽车空调制冷系统由压缩机、冷凝器、干燥瓶、膨胀阀、蒸发箱、管道及电控元件等组成。压缩机、冷凝器、干燥瓶、管道等一般位于发动机舱内。

1. 压缩机的定损方法

压缩机因碰撞造成的损伤有壳体破裂，皮带轮、离合器变形等，均采用更换的方法修复。

2. 冷凝器的定损方法

汽车空调冷凝器均采用铝合金制成，中低档车的冷凝器一般价格较低，冷凝器损伤一般采用更换的方法处理，高档车的冷凝器一般价格较高，中度以下损伤常采用亚弧焊修复。

注意：冷凝器因碰撞后虽未修复而漏冷媒，但拆下后重新修复安装后一定要检查是否漏冷媒。

3. 干燥瓶的定损方法

干燥瓶因碰撞变形，一般以更换的方法修复。

4. 汽车空调管道的定损方法

汽车空调管道有多根，一定要注明是哪一根损伤了，汽车空调管破损，一般采用更换的方法修复。

5. 汽车空调蒸发器的定损方法

汽车空调蒸发器通常由蒸发箱壳体、蒸发器和膨胀阀等组成，一般事故不会伤及，当发生比较严重的碰撞事故时，则会造成蒸发箱壳体破损。蒸发箱壳体大多用热塑性塑料制成，局部破损，可用塑料焊接修复，严重破损，一般需要更换。蒸发器修换基本同于冷凝器。膨胀阀因碰撞损坏的可能性极小。

任务四　汽车变形和破损痕迹鉴别

发生交通事故，鉴别车辆变形和破损痕迹，无论是机动车辆之间，还是车辆与固定物体，或车辆与非机动车、行人之间，甚至车辆自身的事故，都会或多或少地在车体上留下某种痕迹。由于各种车体痕迹并非对事故分析都有用，因此车辆定损人员必须对各种痕迹认真鉴别，采集那些有价值的痕迹作为研究分析的对象。交通事故造成的车体痕迹主要有碰撞痕迹、刮擦痕迹和机件损坏痕迹。

一、车体碰撞痕迹

碰撞痕迹的特征取决于碰撞力、碰撞部位及碰撞双方部件的特性和形状等因素。碰撞痕迹通常包括凹陷型痕迹、洞裂型痕迹和粉碎型痕迹。

1. 凹陷型痕迹

凹陷型痕迹的位置和形状对判断碰撞对象及碰撞接触部位十分有用，凹陷的程度有时也可作为碰撞车速的分析依据。譬如，尽管汽车碰撞人体后车身凹陷不大，但有时仍会发现车身留有与受害者被撞部位相吻合的凹坑。

2. 洞裂型痕迹

洞裂型痕迹表现为被撞部位产生开裂或破洞，有的洞裂痕迹是在凹陷之后才形成的，故其破裂与凹陷同时存在。对叶子板或塑性板材等构件，根据其上的孔洞或裂口往往可判断它的碰撞对方是否是坚硬的或具有棱角的构件。故洞裂型痕迹有时也可反映碰撞的接触部位。

3. 粉碎型痕迹

粉碎型痕迹主要出现在脆性大的构件上，如挡风玻璃、灯罩、反光镜等。这些痕迹一般不能作为分析碰撞部位的依据，但从其粉碎后的状态和位置，可反映出撞击振动的程度和方向，有时还可借以判断碰撞车速。

二、车体刮擦痕迹

车体刮擦痕迹反映了车辆与其他车辆或物体既接触又相对运动的现象。刮擦痕迹的位置通常在车体的侧面，多为长条状，有时还具有凹陷和洞裂的特征。此外，刮擦痕迹有明显的方向性，即从车身泥土被擦掉或漆皮被刮落的形态能明显辨别出刮擦痕迹的走向。与碰撞痕迹不同的是，在刮擦痕迹上很容易留下对方车辆的漆皮、木质纤维或其他物质的残余。如图 7-3 所示。

图 7-3 车体刮擦痕迹

三、车辆机件损坏痕迹

因车辆机件损坏所造成的交通事故，其原因主要出自车辆的行驶系和操纵系。行驶系和操纵系的某个机件断裂或松脱，往往会造成行驶中的车辆突然失控。因机件损坏所造成的交通事故尽管为数不多，但其后果一般都十分严重。机件断裂、松脱的原因有些属于设计制造的质量问题，有些则和维修与使用有关。为了查明这类事故的真正原因，必须依赖机件损坏痕迹予以鉴别。

1. 机件损坏事故的类型

（1）连接件松动或脱落事故

某些重要的连接件松动、脱落可能造成行驶中的车辆失控，如轮胎螺母松脱、转向拉杆球节松脱、传动轴万向节连接松脱等。

（2）轮胎爆裂事故

高速行驶中轮胎因胎面过度磨损，气压过高或温度过高都可能发生爆胎。高速行驶中前轮胎爆裂所引发的事故后果更严重。据统计，在高速公路事故中的死亡、重伤者中，与轮胎事故有关的约占 20%。

（3）机件断裂事故

汽车行驶中某些机件突然断裂可能导致汽车失控、倾翻或其他类型的事故，如前轴、转向节、前悬架弹簧以及传动轴断裂等。

(4) 机构失灵事故

这里指与行车安全有直接关系的制动机构、转向机构因其内部故障而失去作用所导致的事故。常见的多为制动失灵事故,其原因如液压制动泵皮碗胀死、制动管路阻塞、泄漏等。

案例二

吴某驾驶东风日产轩逸轿车在高速路上行驶,突然轿车方向失控,吴某紧握方向盘想控制车辆,但还是撞向左侧护栏,致使车辆左大灯、叶子板、保险杠、前格栅、左后部严重受损,左半周断裂、左侧减振器总成随车轮被撞掉。吴某向保险公司保案。

分析:

查勘人员在现场查勘时发现,该车的减振器断裂处有一扩展区,表明该减振器存在质量缺陷,该事故是由于减振器损坏所致。由于减振器断裂,车辆的前轮定位参数失控,导致方向失控。

减振器断裂属于机件质量问题,是保险除外责任。但由于减振器断裂,而后方向失控造成的事故损失属于机动车损失保险保险责任。保险公司对保险责任部分进行了赔付鉴定。

2. 机件损坏痕迹鉴别

汽车制动系以及行驶、转向机构的某些机件如前轴、转向节、钢板弹簧、转向传力杆件等的松脱或断裂都有一定的发展过程。连接件的松脱过程通常先是其防松装置(如开口销、锁紧螺帽)脱落,然后在车辆行驶震动中逐渐脱开。机件的断裂也是如此。由于上述机件都是在交变载荷下工作的,又由于机件材质缺陷或应力集中的影响,最先在缺陷或应力集中部位出现疲劳裂纹,随着交变载荷的不断作用,疲劳裂纹逐渐扩展,零件的有效断面亦随着减小,当有效断面减小到使其强度不足以胜任某次冲击应力时,该机件就会突然断裂。可见上述松脱和断裂的痕迹也不是突然出现的。从松脱部位的油迹、锈斑不难判断其松脱的原因;而疲劳断面则因其能明显呈现出疲劳源、扩展区和断裂区的断面特点使之更容易鉴别。为了从机件断面状况分析事故的原因,尤其是鉴别事故在先还是机件损坏在先,必须在事故发生后及时提取损坏断面进行鉴别,以免断面被风雨侵蚀,难以判断先后。

车辆翻车事故造成多种机件损坏时,应分析最先造成事故的原因。因为有的机件损坏是事故造成的,与事故形成无关;有的虽与事故有关,但却不是引发事故的直接原因。例如传动轴断裂本该不会引起汽车翻车,但因断裂旋转的传动轴打破了制动压缩空气储气筒,从而导致制动失控。

任务五 汽车火灾事故的查勘与定损

一、汽车起火原因分析

汽车火灾事故的发生原因复杂多样,造成的损失比较大。汽车火灾现场如图7-4所示。汽车起火的原因大致可分为:自燃、引燃、碰撞起火、爆炸、雷击五种类型。在汽车火灾损失的查勘过程中,查勘人员可根据以下因素进行分析,判断起火原因。

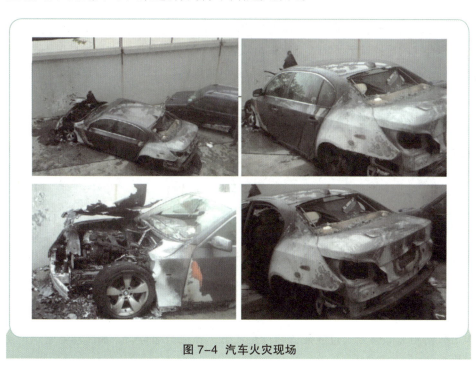

图7-4 汽车火灾现场

1. 汽车自燃的原因

(1)漏油

泄漏的燃油是可怕的助燃物。漏油点大多集中在管件接头处。无论是行驶还是停驶,当泄漏的燃油遇到火源,就会造成起火。

(2)漏电、短路

汽车漏电分高压漏电和低压漏电两种。发动机工作时,发动机舱内和点火线圈自身温度很高,促使高压线绝缘层软化、老化、龟裂,导致高压漏电;高压线脱落引起跳火。由于高压漏电是对准某一特定部位持续进行,引发漏电处温度升高,引燃泄漏汽油。

低压线路搭铁也会引发汽车自燃。搭铁处产生大量热能,与易燃物接触,就会导致起火,引燃汽车。

(3)接触电阻过大

线路接点不牢或触点式开关接触电阻过大等,会使局部电阻加大,长时间通电时发热。局部电阻过大会产生热能,使导线接点发热引起可燃材料起火。

(4)进气管回火

对于汽油发动机来说,车辆在行驶状态或启动过程中,有时会发生进气管回火的现象,主要原因是可燃混合气的比例调节不当、点火过早或者点火顺序错乱等。在这种情况下,车辆常常会加速无力,如急速行驶,则会产生进气管回火或排气管放炮的现象,甚至排出火星,引发火灾。

(5)明火烘烤柴油油箱

采用柴油发动机的汽车,有时冬季会出现供油不畅的现象。为了解决问题,某些驾驶员会在油箱外用明火烘烤,极易引起火灾。

(6)车载易燃物引发火灾

当车上装载的易燃易爆物品因泄漏、松动摩擦而起火时,导致汽车起火。

(7)超载

汽车超载使相关部件处于过度疲劳和过热状态,容易引起自燃,如制动器超负荷工作和轮胎摩擦过热等。

(8)停车位置不当

现在汽车一般装有三元催化反应器,该装置因位于排气管上部,紧邻排气管而温度很高,且在大多数轿车上位置较低。如果停车时恰巧将其停在易燃物附近,会引燃可燃物。

(9)维修保养不当

汽车在维修保养过程中,只重视汽油滤清器的更新,而忽略油管的检查。实际上,橡胶油管在经过长时期较高温度的烘烤后，容易因老化而漏油。特别要注意的是对市场上假冒的汽油滤清器、劣质汽油软管的判别。这些不合格的零部件或不合规范的操作方法，都会为汽车自燃留下严重后患。

（10）车主的故意行为

车主出于某种目的，故意创造条件，使汽车起火燃烧。

2. 其他起火燃烧的原因

（1）碰撞起火

一般碰撞不会起火，只有当撞击后导致汽油等易燃物泄露或与火源接触时，才能起火。当汽车因碰撞或其他原因导致翻滚倾覆时，极易发生油箱泄露，一旦遇上外界火花或仍在工作的高压电火花，就会起火。

（2）引燃

汽车停放处附近发生了火灾，导致汽车被引燃，建筑物起火引燃、周边可燃物起火引燃、其他车辆起火引燃、被人为纵火烧毁等，都属于汽车被引燃范畴。

（3）雷击

在雷雨天气，露天停放的汽车因遭遇雷击引发的击穿或燃烧。

（4）爆炸

如果车内装载、搭载有易爆物品或在车体上安装的爆炸物本身发生的爆炸引起起火，甚至导致油箱爆炸，从而引发更为严重的燃烧。

二、汽车火灾事故的查勘

汽车起火的原因分为自燃、引燃、碰撞起火、爆炸、雷击五种类型。2020版机动车损失保险包含自燃和火灾，所以这五种类型的火灾都是可以赔付的。

1. 汽车火灾损失查勘的基本要求

在查勘汽车火灾损失现场、分析起火原因时，需掌握构成燃烧的三大基本要素：

> ① 导致汽车起火的火源；
> ② 周围是否存在易燃物品；
> ③ 火源与易燃物品的接触是否有足够的空气可供燃烧。

把握以上三个基本要素，再通过查勘汽车车身不同位置的烧损程度，准确找出起火点位置，分析起火原因，判断汽车起火的自燃与其他起火燃烧的属性，可以为准确理赔做出准备。

2. 汽车火灾现场查勘重点

（1）查勘路面痕迹

车辆着火现场路面和车上的各种痕迹在着火过程中易消失，或在救火时被水、泡沫、泥土和沙等所掩盖，查勘时首先对路面原始状态查看、拍照，并做好各项记录。施救后用清洁水将路面油污、污物冲洗干净，待暴露印痕的原状再详细查勘。方法是以车辆为中心向双方车辆驶来方向的路面寻找制动拖印、挫划印痕，测量其始点至停车位的距离及各种印痕的形态。

（2）查勘路面上散落物

查勘着火车辆在路面上散落的各种物品及伤、亡人员倒卧位置以及碰撞被抛洒的车体部件、车上物品位置，与中心现场距离，实际抛落距离，推算着火车辆行驶速度。

（3）对"火迹"及"过火时间"的查勘

火迹是指燃烧过程中留下的燃烧痕迹。过火时间是指某一部位燃烧时间的长短。通过观察"火迹"及"过火时间"，可以判断车辆起火源、燃烧过程等现象。一般情况下，通过观察车辆上、下部位，内、外部位，前、后部位在燃烧后留下的损失大小情况、烟雾熏着情况判断燃烧过程。"过火时间"长的部位多损失严重，如铝铜件的融化、金属严重变形等。通过综合分析"火迹""过火时间"及燃烧物特性，初步判断可能的起火点及起火原因。

（4）动态状态下着火燃烧的查勘

① 碰撞车辆着火的一般规律是将外溢的汽油点燃，查勘重点是汽油箱金属外壳表层有无碰撞凹陷痕和金属质擦划的条、片状痕迹。车体燃烧后的接触部位痕迹容易受到破坏，查勘时就残留痕迹部位查勘其面积的凹陷程度进行对比，以求判断碰撞力大小、方向、速度、角度等。

② 动态状态下发生车辆自燃主要是电器、线路、漏油原因造成的，车体无碰撞损伤痕迹，但路面上一般都留有驾驶员发现起火本能反应的紧急制动痕；火势由着火源随着风向蔓延。火源大部分分布在发动机舱和车内仪表台附近，重点区分车辆自燃和车内人员失火。

（5）静态状态下车辆着火

重点要检查现场有无遗留维修、作案工具，有无外来火种、外来可燃物或助燃物等，有无目击者，同时调查报案人所言有无自相矛盾之处，如事故现场周围环境、当时的天气、时空等有无可疑之处。

3. 焚烧汽车骗赔的特征分析

（1）从车辆运营条件看

从车辆运营条件看，被保险人近期购车根本不具备经营能力或无明确使用指向。被焚车辆多为个体运输的轿、客、货车，获得保险利益者多为个人；个别车辆为廉价收购的进口废车、来历不明的黑车或无牌照的接装车。

（2）从车况看

从车况看，车辆焚毁前多破旧不堪，使用年限在5年以上，或行驶里程在10万千米以上，经营不力，却低值高保、私车公保甚至重复巨额投保。

（3）从汽车起火季节看

汽车起火季节一般不是发生在夏天，而是在其他季节。虽然从理论上来说，任何一个季节都有发生自燃的可能性，但是，根据火灾实际发生的情况统计，汽车夏季自燃的发生概率远远大于其他季节。

（4）从焚车时间看

从焚车时间看，出险车辆多在临近保险有效期满或迫近车辆年检截至日期前被焚，有的则在投保后不久即被毁。焚车时间多在不利有关人员及时到场查勘和进行现场保护的夜晚、恶劣天气、节假日。

（5）从焚车地点看

从焚车地点看，起火地点一般在城乡结合部相对偏僻、人迹稀少的小路上，不易被他人发觉、发现，不利于消防扑救。

（6）从车上人员情况看

从车上人员情况看，焚车时车内一般无乘客或驾乘人员神态自然，没有遭遇突发事件后的紧张、焦虑、恐怖感，也没有私人财务遭受重大损失后的心疼感。

（7）从车上物品情况看

从车上物品情况看，焚车时车上一般无货，或驾乘人员的个人物品，尤其是贵重物品均被及时地从燃烧着的汽车车厢内"抢救"了出来，没有造成任何损失，或者个人物品虽有损失，但无足轻重。

（8）从被保险人活动表现看

从被保险人活动表现看，焚车前多有预谋准备，焚车过程中多有同伙策应，焚车后急迫索赔。车主或驾驶员随身携带保单，向保险公司索赔的资料基本齐全，对赔付规定和索赔流程基本熟悉。索赔过程中对知情人威胁恐吓，对保险理赔人员殷勤备至，伺机请客送礼。坚决反对查勘人员要以汽车的实际价值赔付而不是按照投保价值进行赔付的语言"试探"，态度坚决而强硬。

（9）从报案的顺序看

汽车起火时，属于车主亲自驾车的现象居多，起火以后，车主或驾驶员首先选择向投保的保险公司报案，而不是拨打"110"或"119"求救电话请求救援，有违常规。

（10）从汽车的烧损程度看

汽车的烧损程度非常严重，整车呈现出面目全非的概貌，甚至出现不止一处的严重烧损地方，令人难以判断出最初的起火位置，不符合汽车自燃的一般规律。

三、汽车火灾事故的定损

1. 火灾对车辆损坏情况的分析

火灾对车辆的损坏分整体燃烧和局部燃烧。

（1）整体燃烧

整体燃烧时，一般损失较严重，机舱内线路、电器、发动机附件、仪表台、内装饰件、座椅烧损，机械件壳体烧熔变形，车体金属脱炭，表面漆层大面积烧损。

（2）局部燃烧

局部燃烧分三种情况：一是机舱着火，造成发动机前部线路、发动机附件、部分电器、塑料件烧损；二是轿壳或驾驶室着火，造成仪表台、部分电器、装饰件烧损；三是货运车辆货箱内着火。

2. 汽车火灾的定损处理方法

①对明显烧损的零部件、总成进行分类登记；
②对机械件应进行测试、分解检查，特别是转向、制动、传动部分的密封橡胶件；
③对于因火灾使保险车辆遭受损害的，分解检查工作量很大，检查、维修工期较长，一般很难在短期内拿出准确估价单，只能是边检查边定损，反复进行。

3. 汽车火灾的定损方法

汽车起火燃烧以后，其损失评估的难度相对较大。

①如果汽车的起火燃烧被及时扑灭，可能只会导致一些局部的损失，损失范围也只是局限在如过火部分的车体油漆、相关的导线及金属管路、过火部分的汽车内饰。只要参照相关部件的市场价格，并考虑相应的工时费，即可确定出损失的金额；

②如果汽车的起火燃烧持续了一段时间之后才被扑灭，虽然没有对整车造成毁灭性的破坏，但也可能造成比较严重的损失。凡被火"光顾"过的车身外壳、汽车轮胎、导线线束、相关管路、汽车内饰、仪器仪表、塑料制品、外露件的美化装饰等可能都会报废，定损时需按更换件的市场价格、工时费用等确定损失金额；

③如果汽车的起火燃烧程度非常严重，外壳、汽车轮胎、导线线束、相关管路、汽车内饰、仪器仪表、塑料制品、外露件的美化装饰等肯定会被完全烧毁。部分零部件，如控制计算机、传感器、铝合金铸造件等，可能会被烧化，失去任何使用价值。一些看似"坚固"的基础件，如发动机、变速器、离合器、车架、悬架、车轮轮毂、前轿、后轿等，在长时间高温烘烤作用下，会因"退火"而失去应有的精度，无法继续使用，定损时要作完全报废处理。

任务六 汽车水灾事故的查勘与定损

随着环境与气候的变化,每到夏季就会出现大量由暴雨、洪水等引起的水淹车事故。而如何快速、优质地处理好突发的水淹车事故,就成为理赔人员必须面对的一个考验和挑战。

一、汽车涉水的损坏形式

汽车涉水分静态和动态两种。静态指车在停放时被暴雨或洪水侵入淹没;动态指车在行驶时发动机气缸因吸入水而熄火,或在强行涉水未果、发动机熄火后被淹没。

1. 静态涉水损坏

汽车在静态条件下,如果车内浸水,会造成内饰、电路、空滤器、排气管等部位受损,有时发动机气缸内也会进水。此种情况,即使发动机不启动,也会造成内饰浸水、电路短路、电路芯片损坏、空滤器报废、排气管和发动机内部浸水生锈等损失。对于现代电控汽车,会导致电子控制装置损坏,电喷发动机因短路会造成无法着火;如强行接触电路启动发动机,极有可能导致非常严重的损失,如损坏更多的电控单元、导致发动机报废,如图7-5所示。

图7-5 汽车静态涉水损坏

2. 动态涉水损坏

汽车在动态条件下,由于发动机仍在运转,气缸吸入水后,会迫使其熄火。此种情况,除了静态条件下可能造成的全部损失外,还可能导致发动机直接损坏甚至报废。

同样是动态条件下的损坏,由于发动机转速不同、车速不等、进气管口安装位置有别、气缸吸入水量不一等,所造成的损坏也有所不同。如果高速时吸入水,有可能导致连杆折断、活塞破碎、缸体被连杆捣坏等故障。

有时,因进水导致自然熄火,虽车主没继续使用,并将相关零部件进行了清洗,但个别车辆运行一段时间后,又造成了折断的连杆捣毁缸体的恶性事故,这是因为当时的进水造成连杆轻微弯曲,为日后故障留下了隐患,如图7-6所示。

图7-6 汽车动态涉水损坏

二、汽车水灾事故现场查勘要点

1. 确定水淹高度

水淹高度是确定水损程度的一个重要参数。计算水淹高度通常以汽车上某一部位为参照,而不是以一个具体高度数据(米或厘米)为计量单位。以轿车为例,水淹高度通常分为六级,如图7-7所示。

图7-7 轿车水淹高度示意图

一级:制动盘或制动鼓下沿以上,车身底板以下,车内未进水;
二级:车身底板以上,车内进水,但水淹高度在车内座椅以下;
三级:车内进水,水淹高度在车内座椅以下,组合仪表台以下;
四级:车内进水,水淹高度在车内组合仪表台中部;

> 五级：车内进水，水淹高度在车内组合仪表台以上，车内顶篷以下；
> 六级：车身整体被水淹没。

2. 确定水淹时间

汽车水淹时间的长短也是水淹损失程度的一个重要参数。水淹时间的长短对汽车所造成的损伤差异很大。在现场查勘时，确定水淹时间是一项重要的工作。水淹时间的计量单位通常以小时为单位，分为六级。

> 一级：H ≤ 1h；
> 二级：1h < H ≤ 4h；
> 三级：4h < H ≤ 12h；
> 四级：12h < H ≤ 24h；
> 五级：24h < H ≤ 48h；
> 六级：H > 48h。

3. 确定水质情况

在对水淹汽车的损失评估中，应该对水质情况进行充分、认真的了解。水淹损失中的水一般多为雨水和山洪形成的泥水，但也有由于暴雨导致城市下水道溢出而形成的浊水，在这种浊水中含有油、酸性物质和各种异物。油、酸性物质和其他异物对汽车的损伤各不相同，必须在现场查勘时仔细检查，并作明确记录。

4. 确定汽车配置

定损水淹汽车时，要对汽车的配置情况进行详细的记录，特别要区别电子元器件、真皮座椅、高档音响、车载 DVD 及影视设备等配置是否为原车配置，如果不是原车配置，应了解车主是否投保了新增设备险。

三、汽车水灾事故定损原则

1. 快捷原则

对水灾车辆的定损工作，重点突出快捷，即定责、核零部件损必须迅速，每推迟一天，损失就会扩大三分。拖延时间不仅会导致零部件损失加重，甚至导致零部件报废，还会给合理定损带来难度，并产生理赔纠纷，使保险公司服务质量大打折扣。

2. 顺序原则

由于水灾期间报案集中、出险车辆众多，因此，在定损和维修时必须分清轻重缓急，即先高档车后普通车；先轿车后货车；先严重泡损车后轻微受损车；先电脑控制模块、线路、电器后其他部位；先清洗烘干后检测维修。

四、汽车水灾事故损失评估

1. 水淹高度一级时的损失评估

当汽车的水淹高度为一级时，损失形式主要是制动盘、制动鼓及金属零部件生锈，生锈的程度主要取决于水淹时间的长短以及水质，如图7-8所示。

损失率通常为0.1%。

图7-8 轿车水淹一级示意图

2. 水淹高度二级时的损失评估

当汽车水淹高度为二级时，除造成一级水淹损失以外，如图7-9所示，还可能造成以下损失：

①四轮轴承进水；
②全车悬架下部连接处因进水而生锈；
③ABS的轮速传感器的磁通量传感器失准；
④车身底板进水后，如果防腐层和油漆层有损伤，就会造成锈蚀；
⑤少数汽车将一些控制模块置于底板上的凹槽内，会造成一些控制模块短路受损。

图7-9 轿车水淹二级示意图

损失率通常为2.5%。

3. 水淹高度三级时的损失评估

当汽车的水淹高度为三级时，除造成二级水淹损失以外，如图7-10所示，还可能造成以下损失：

①座椅和部分内饰损伤严重；
②车门电机进水；
③变速器、主减速器、差速器有进水的可能；
④部分安装在位置较低的电器控制模块进水；

图7-10 轿车水淹三级示意图

⑤ 车辆起动机进水；
⑥ 中高档车行李箱中 CD 换片机、音响功放进水；
⑦ 车辆换档操作机构及附属控制模块进水。

损失率通常为 5%。

4. 水淹高度四级时的损失评估

当汽车的水淹高度为四级时，除造成三级水淹损失以外，如图 7-11 所示，还可能造成以下损失：

① 发动机进水；
② 仪表台中部音响控制设备、CD 机、导航、空调控制面板受损；
③ 蓄电池放电、进水；
④ 车内大部分音响的扬声器进水；
⑤ 车内各种继电器、保险丝盒可能进水；
⑥ 车内几乎所有电器控制模块被水淹，有可能遭受氧化和短路发生损失。

图 7-11 轿车水淹四级示意图

损失率通常为 15%。

5. 水淹高度五级时的损失评估

当汽车水淹高度为五级时，除造成四级水淹损失以外，如图 7-12 所示，还可能造成以下损失：

① 受损车辆全部电器装置进水；
② 发动机严重进水，发动机内部严重受损；
③ 车辆的离合器、变速器、后桥、悬架等车辆底盘件均进水；
④ 车辆除内顶篷未受水淹，其他所有内件均被水淹；
⑤ 车辆除车辆顶部未被水淹，其他所有金属件均被水淹。

图 7-12 轿车水淹五级示意图

损失率通常为 30%。

6. 水淹高度六级时的损失评估

当汽车水淹高度为六级时，汽车所有零部件都受到损失，如图 7-13 所示。

损失率通常为 70%。

图 7-13 轿车水淹六级示意图

简答题

1. 现场查勘的原则是什么？

2. 构成火灾事故燃烧的三大基本要素是什么？

3. 核保的概念是什么？

4. 汽车水淹高度一至六级分别在汽车的哪个部位？

课题八 汽车保险理赔实务

知识目标

1. 了解汽车保险理赔流程。
2. 掌握汽车保险理赔原则。
3. 了解汽车保险的赔偿范围和赔偿标准。
4. 掌握赔款理算的计算方法。

能力目标

1. 能够进行汽车保险事故损失确定。
2. 能够进行汽车保险赔款理算。
3. 能够进行汽车保险索赔。
4. 能够进行汽车保险的核赔。

任务一 汽车保险理赔概述

  汽车保险理赔是指保险车辆发生事故后，保险公司依据保险合同及交通事故处理等有关规定，确定保险责任、核定损失、履行赔付义务的工作过程。

  机动车辆出险，且保险事故发生后，保险人承担赔偿责任，这一环节对被保险人而言就是保险索赔，对保险人而言即为保险理赔。

  保险索赔与理赔是被保险人享受保险权利和保险人履行义务、承担责任的具体反映，是防灾防损的继续，也是保险经济补偿功能的体现。

一、汽车保险理赔的意义与原则

机动车辆保险理赔工作是保险政策和作用的重要体现，是指当保险合同所规定的事故发生后，保险人履行合同的承诺，对被保险人提供经济损失补偿或给付的处理程序。保险理赔程序一般是依据保单条款来解释的，由于保单条款一般不列明细节，因而还要按照政府有关法规的规定、法院的判决、有关行业权威部门出具的鉴定或援用过去的惯例等事实酌情处理。

1. 保险理赔的意义

保险理赔是保险经营的重要环节。通过理赔，被保险人所享受的保险利益得到实现；保险人为客户提供服务，为社会再生产过程提供保障；保险承保的质量得到检验；增强人们的投保意识；使保险经济效益得到充分体现。

2. 保险理赔的原则

理赔工作必须遵循的原则有：实事求是的原则；重合同、守信用的原则；主动、迅速、准确、合理的原则。具体而言，就是以下三点原则：

（1）坚持实事求是的原则

树立服务意识是整个理赔工作中应该贯彻的指导思想。当发生汽车保险事故后，保险人通过及时理赔，尽量减轻因灾害事故造成的影响，及时安排事故车辆修复，并保证基本恢复车辆的原有技术性能，使之尽快投入生产运营，维护人民生活的安定。

实事求是，是现场查勘、事故车辆修复定损及理赔处理必须坚持的基本原则，在尊重客观事实的基础上，对具体问题作具体分析，既严格按条款办事，又结合实际情况适当灵活处理，使各方都满意。

（2）重合同、守信用、依法办事的原则

保险人同被保险人之间的权责关系是通过保险合同建立起来的。保险人是否履行合同，就看其是否严格履行经济补偿义务。因此，保险方在处理理赔案时，必须加强法制观念，严格按条款办事，该赔的一定要赔，而且要按照赔偿标准及规定赔足，不属于保险责任范围的损失，不滥赔，同时还需要向被保险人讲明道理，拒赔部分要讲事实、重证据。只有这样，才能树立保险的信誉，扩大保险的积极影响。

（3）坚决贯彻"八字"理赔的原则

"主动、迅速、准确、合理"是保险理赔人员长期实践工作的经验总结，是保险理赔工作优质服务的最基本要求。

1）主动

就是要求保险理赔人员对出险的案件，要积极、主动地进行调查、了解和查勘现场，掌握出险情况，进行事故分析，确定保险责任。

2）迅速

就是要求保险理赔人员查勘、定损处理迅速、不拖沓。抓紧处理，准确核赔，快速进行赔款计算、案卷缮制、复核及审批工作，使被保险人及时得到赔付。

3）准确

就是要求从查勘、定损乃至赔款计算，都要做到准确无误，不错赔、不滥赔、不惜赔。

4）合理

就是要求在理赔工作过程中，要本着实事求是的原则，坚持按条款办事。在许多情况下，要结合具体案情准确定性，尤其是在对事故车辆进行定损的过程中，要合理确定事故车辆的维修方案。

理赔工作的"八字"原则是辩证的统一体，不可偏废。总的要求是，从实际出发，为保险人着想，既要讲速度，又要讲质量。

二、汽车保险理赔的特点

汽车保险与其他保险不同，其理赔工作也具有显著的特点。理赔工作人员必须对这些特点有一个清醒和系统的认识，掌握这些特点是做好汽车理赔工作的前提和关键。

1. 被保险人的公众性

我国的机动车辆保险的被保险人曾经是以单位、企业为主，但是，随着个人拥有车辆数量的增加，被保险人为私家车主的比例在逐步增加。这些被保险人的特点是对保险、交通事故处理、车辆修理等知之甚少。在发生保险事故要求赔付时，他们经常与保险公司理赔人员在保险责任的认定、赔付金额等方面发生争执。

2. 损失率高且损失幅度较小

汽车保险的另一个特征是保险事故损失金额不大，但事故发生频率高。尽管事故损失金额不大，但是认真理赔仍然体现了保险公司对被保险人的服务品质。事故发生的高频率使保险公司的理赔工作花费大量精力和费用。

3. 标的流动性大

由于汽车的功能特点,决定了其具有相当大的流动性。车辆发生事故的地点和时间的不确定性,要求保险公司必须拥有一个运作良好的服务体系支持理赔服务,这个服务体系包括一个全天候的报案受理机制和庞大而高效的检验网络。

4. 受制于修理厂

对于部分损坏的机动车辆可以采用修理的办法赔付,修理厂的修理价格、工期和质量均直接影响机动车辆保险的服务质量。一旦对车辆修理质量或者工期、价格等产生不满,客户会对保险公司和修理厂一并指责。

5. 道德风险普遍

在财产保险业务中,汽车保险是道德风险的"重灾区"。汽车保险具有标的流动性强、保险信息不对称等特点,以及机动车辆保险条款不完善、相关的法律环境不健全及机动车辆保险经营管理存在漏洞等问题,这些都可能会给不法之徒可乘之机。

三、汽车保险理赔流程

被保险人发生保险事故后应向保险公司报案,同时保险公司接案受理,并立即启动理赔程序。车险的理赔工作流程分为以下六个步骤,如图 8-1 所示。

受理案件→现场查勘→损失确定→赔款理算→核赔→赔付结案

图 8-1 汽车保险理赔流程

1. 受理案件

受理案件是指保险人接受被保险人的报案,并对相关事项做出安排。受理案件是汽车保险理赔工作的第一步,各保险公司都非常重视,为此,各保险公司均公布了报案受理部门的地址、联系电话等,开通了多种报案方式,并对报案的内容进行详细记录。

2. 现场查勘

现场查勘是指运用科学的方法和现代技术手段,对保险事故现场进行实地查勘和查询,将事故现场、事故原因等内容完整而准确地记录下来的工作过程。现场查勘是查明保险事故真相的重要手段,是分析事故原因和认定事故责任的基本依据,也为事故损害赔偿提供了证据。所以各保险公司均建立了合理的服务网络,配备了完善的交通工具,拥有一定数量且经验丰富的查勘人员,予以保证现场查勘工作的快速、有效。

3. 损失确定

损失确定是指根据保险合同的规定和现场查勘的实际损失记录，在尊重客观事实的基础上确定保险责任，然后开展事故定损和赔款计算工作。损失确定包括车辆损失、人身伤亡费用、其他财产损失等。车辆损失主要是确定维修项目的工时费和换件项目的价格，人身伤亡费用按道路交通事故的相关规定进行计算即可，其他财产损失一般按实际损失，通过与受害人协商确定。

4. 赔款理算

赔款理算是指保险公司按照法律和保险合同的有关规定，根据保险事故的实际情况，核定和计算应向被保险人赔付金额的过程。理算工作决定保险人向被保险人赔偿数额的多少与准确性，因此，保险公司理赔人员应本着认真、负责的态度做好理算工作，确保既维护被保险人的利益，又维护保险公司的利益。理算工作的开展需以被保险人提供的单证为基础，首先核对单证的真实性、合法性和合理性，然后理算人员对机动车损失保险、机动车第三者责任保险、附加险及施救费用等分别计算赔偿金额。计算完赔款后，要缮制赔款计算书。赔款计算书应分险别项目计算，并列明计算公式。赔款计算应尽量用计算机出单，应做到项目齐全、计算准确。业务负责人审核无误后，在赔款计算书上签署意见和日期，然后送交核赔人员。

5. 核赔

核赔是指在保险公司授权范围内独立负责理赔质量的工作人员，按照保险条款及公司内部有关规章制度对赔案进行审核的工作。核赔工作的主要内容包括：核定保险标的出险原因和损失情况、核定保险责任的确定、核定损失、核定赔款计算。在完成各种核赔和审批手续后，转入赔付结案程序。

6. 赔付结案

赔付结案是指负责理赔的工作人员，根据核赔的审批金额向被保险人支付赔款，对理赔的单据进行清分，并对理赔案卷进行整理的工作，是理赔案件处理的最后一个环节。

任务二　汽车保险事故损失确定

一、人员伤亡费用确定

1. 人员伤亡费用的赔偿范围

人员伤亡费用可以赔偿的范围包括：医疗费、误工费、护理费、住院伙食补助费、营养费、残疾赔偿金、残疾辅助器具费、丧葬费、死亡补偿费、被抚养人生活费、交通费、住宿费。

2. 人员伤亡费用的赔偿标准

赔偿项目的具体赔偿标准如下：

（1）医疗费

根据结案前实际发生的治疗费用，凭医疗机构出具的医药费、住院费等收款凭证，结合病历和诊断证明等相关证据，按照公费医疗的标准确定。

（2）误工费

根据误工者的误工时间和收入状况确定。

（3）护理费

根据护理人员的收入状况和护理人数、护理期限确定。

（4）住院伙食补助费

参照当地国家机关一般工作人员的出差伙食补助标准予以确定。

（5）营养费

根据受害人伤残情况，参照医疗机构的意见确定。

（6）残疾赔偿金

根据受害人丧失劳动能力程度或者伤残等级，按照事故发生地上一年度城镇居民人均可支配收入或者农村居民人均纯收入标准，自定残之日起按 20 年计算。但 60 周岁以上的，年龄每增加 1 岁减少 1 年；75 周岁以上的，按 5 年计算。

残疾赔偿金 = 事故发生地上一年度城镇居民人均可支配收入（农村居民人均纯收入）× 赔偿年限 × 伤残等级赔偿比例。

（7）残疾辅助器具费

按照国产普通适用器具的合理费用标准计算。

（8）丧葬费

按照事故发生地上一年度职工月平均工资标准，以 6 个月总额计算。

（9）死亡补偿费

按照事故发生地上一年度城镇居民人均可支配收入或者农村居民人均纯收入标准，按 20 年计算。但 60 周岁以上的，年龄每增加 1 岁减少 1 年；75 周岁以上的，按 5 年计算。

死亡补偿费 = 事故发生地上一年度城镇居民人均可支配收入（农村居民人均纯收入）× 赔偿年限。

（10）被扶养人生活费

根据扶养人丧失劳动能力程度（一般要求五级以上），按照事故发生地上一年度城镇居民人均消费性支出和农村居民人均年生活消费支出标准计算。被扶养人为未成年人的，计算至 18 周岁；被扶养人无劳动能力又无其他生活来源的，计算 20 年。但 60 周岁以上的，年龄每增加 1 岁减少 1 年；75 周岁以上的，按 5 年计算。

被扶养人还有其他扶养人的，赔偿义务人只赔偿受害人依法应当负担的部分。被扶养人有数人的，年赔偿总额累计不超过上一年度城镇居民人均消费性支出额或者农村居民人均年生活消费支出额。

被抚养人生活费 = 事故发生地上一年度城镇居民人均消费性支出（农村居民人均年生活消费支出）× 抚养年限 × 抚养比例。

（11）交通费

按事故发生地国家一般工作人员出差的交通费标准计算，以正式票据为凭。

(12) 住宿费

按事故发生地国家一般工作人员出差的住宿费标准计算，以正式票据为凭。

3. 确定人员伤亡费用应注意的问题

① 全程介入伤者的治疗过程，全面了解伤者受伤和治疗的情况、各类检查和用药情况。对于一些疑难的案件，可以委托专业医疗人员协助。

② 伤者需要转院赴外地治疗时，须由所在医院出具证明，并经事故处理部门同意。伤残鉴定费需经过保险人同意，方可赔偿。

③ 事故结案前，所有费用均由被保险人先行支付。待结案后，由被保险人提供有关单证，保险人进行核赔理算。

④ 定损核损人员应及时审核被保险人提供的有关单证，对其中不属于赔偿范围的项目应予以剔除。同时，定损核损人员要对伤亡人员的有关情况进行调查，重点调查医疗费、伤残鉴定证明等证明文件的真实性、合法性，以及被抚养人的情况和收入水平。对不真实、不合理的费用应予以剔除。

二、事故车维修费用确定

1. 维修费的计算公式

维修费 = 工时费 + 材料费 + 其他费用。

2. 维修费各组成费用确定

（1）工时费

简单来说，工时费就是工人完成一项维修/保养项目所需要的费用。

虽然各品牌、各地区、各厂家工时单价与工时定额有所不同，但计算方法基本保持一致。各地普遍采用的工时费计价公式是：

工时费 = 工时定额 × 工时单价 × 该车型的技术复杂系数。

例如，换机滤的工时定额为 2 工时，工时单价为 50 元，车型技术复杂系数为 1.2，那么更换这个机滤的工时费便是 2×50×1.2=120（元）。

1）工时定额

在汽车维修保养方面，工时定额是由完成某个工序所需的维修准备时间（包括前台接待洽谈、排班调度、场地/配件/工具准备等时间）、问题诊断时间、实际维修操作时间、调试时间、场地清理时间等组成的。所以，工时定额并不等同于实际维修保养时间，而是 1 工时定额绝对大于 1 小时维修保养时间。

例如，一项维修保养工序的实际操作时间虽然只有10分钟，但加上其他的维修准备时间、问题诊断时间、调试时间、场地清理时间和善后时间后，却会达到1个工时，甚至2个工时。

2）工时单价

工时单价就是汽车维修保养每小时的收费标准。

这个收费标准因品牌不同而不同。通常来说，工时单价与车型档次成正比，车越高档，工时单价越高。

3）车型技术复杂系数

车型技术复杂系数是维修该车型某个零部件的复杂程度，如果复杂程度一般，可以设为1。如果比一般要难，系数则会大于1，如1.1、1.2。

（2）材料费

这是指维修过程中实际消耗的外构件费（含配件、漆料、油料、辅助材料等）和自制配件费。需注意的是，对于漆料、油料，按实际消耗量结算。

（3）其他费用

包括外加工费及材料服务费等。

1）外加工费

这是指在维修过程中，发生在厂外加工的费用，按实际外加工费结算。

2）材料服务费

这是指在材料的采购过程中发生的装卸、运输、保管、损耗等费用。

三、其他财产损失确定

其他财产损失的确定，应坚持从损失补偿的角度出发，按照恢复的原则进行实物恢复和现金赔偿。

保险事故导致的财产损失，除了车辆本身的损失和第三者人员伤害外，还可能造成第三者的财产损失和车上承运货物的损失，从而构成第三者责任险、车上责任险赔偿对象。

其他财产损失确定包括第三者财产损失确定和车上货物损失确定。

1. 第三者财产损失确定

第三者财产损失包括：第三者车辆所载货物、道路、道路安全设施、房屋建筑、电力和水利设施、道旁树木花卉、道旁农田庄稼等。

常见第三者财产损失的定损处理方法如下：

（1）市政设施

对于市政设施的损坏，市政部门对肇事者所索要的损失赔偿往往有一部分属处罚性质以及间接损失方面的赔偿。但保险公司依据条款规定，只能承担因事故造成的直接损失。因此定损人员在定损过程中应该掌握和区分在第三者索要赔偿部分，哪些属于间接费用，哪些属于罚款性质。同时，为使定损合理，定损人员要准确掌握和收集当地的损坏物体的制造成本、安装费用及赔偿标准。一般情况下，各地市内绿化树木及草坪都有规定的赔偿标准及处罚标准。在定损过程中，只能按损坏物体的制造成本、安装费用及赔偿标准进行定损。

（2）道路及道路设施

车辆倾覆后易造成对路面的擦痕、燃油对道路的污染。在很多情况下，路政管理部门都要求对路面进行赔偿，尤其是高速公路路段。道路两旁设施（护栏等）也可能因碰撞造成损坏。对以上损失，保险人有责任与被保险人一起同路政部门商定损失。

因道路及设施修复由路政部门组织，故很难以招标形式定损。

损失核定以路政管理部门为主，但定损人员须掌握道路维修及设施修复费用标准，定损范围只限于直接损坏部分。

对于路基路面塌陷，应视情况确定其是否属于保险责任。若在允许的载重吨位情况下，车辆通过所造成的路基路面塌陷，不在赔偿范围之内；若车辆严重超载，超过允许吨位，车辆通过所造成的路基路面损失，应由被保险人自行赔偿，不在保险公司赔偿范围之内。

（3）房屋建筑物

车辆碰撞事故可能造成路旁房屋建筑物的损坏。在对房屋建筑物的损失核定方面，除要求定损人员掌握有关建筑方面的知识外（建筑材料费用、人工费用），还要求在定损方面最好采取招标形式进行。请当地建筑施工单位进行修复费用预算招标，这样便于准确定损，也比较容易让受害者接收维修方案。

（4）道旁农田庄稼

车辆倾覆可能造成道旁农田庄稼（青苗）的损坏，此部分损失核定可参照当地同类农作物亩产量进行测算定损。

（5）第三者车上货物的损坏

对第三者车上货物损失的定损中，实际定损的损失费用往往与第三者向被保险人索要的赔偿费有一定差距。定损员应向被保险人解释清楚，即只能对造成第三者的实际损坏部分的直接损失进行赔偿，间接损失费用、处罚性质费用以及第三者无理索要的部分属超出部分，应由被保险人与第三者协商处理。

2. 车上货物损失确定

对于车上承运货物的损失，应会同被保险人和有关人员对受损货物逐项清理，以确定损失数量、损失程度和损失金额。在损失金额的确定方面应坚持从保险利益原则出发，注意掌握在出险当时标的具有或者已经实现的价值，确保体现补偿原则。

四、施救费用和残值确定

施救费用是指当被保险标的遭遇保险责任范围内的灾害事故时，被保险人或其代理人、雇佣人员为了减少事故损失而采取适当措施抢救保险标的时支出的额外费用。

1. 确定施救费用遵循的原则

① 保险车辆发生火灾时，应当赔偿被保险人或其允许的驾驶员使用他人非专业消防单位的消防设备、施救保险车辆所消耗的合理费用及设备损失。

② 保险车辆出险后，失去行驶能力，被保险人雇用吊车及其他车辆进行抢救的费用，以及将出险车辆拖运到修理厂的运输费用，保险人应按当地物价部门核准的收费标准予以负责。

③ 抢救过程中，因抢救而损坏他人的财产，应由被保险人赔偿的，可予以赔偿。但抢救人员个人物品的丢失，不予赔偿。

④ 在抢救过程或拖运途中，发生意外事故造成损失扩大和费用支出增加部分，如果该抢救车辆是被保险人自己或他人义务派来抢救的，应予赔偿；如果该抢救车辆是受雇的，则不予赔偿。

⑤ 车辆出险后，被保险人奔赴肇事现场处理所支出的费用，不予负责。

⑥ 保险人只对保险车辆的施救保护费用负责。保险车辆发生保险事故后，需要施救的受损财产可能不仅局限于保险标的，但是，保险公司只对保险标的的施救费用负责。所以，在这种情况下，施救费用应按照获救价值进行分摊。如果施救对象为受损保险车辆及其所装载货物，且施救费用无法区分，则应按保险车辆与货物的获救价值进行比例分摊，机动车辆保险人仅负责保险车辆应分摊的部分。

⑦ 保险车辆为进口车或特种车，发生保险事故后，当地确实不能修理，经保险人同意后去外地修理的移送费，可予适当负责。但对护送保险车辆者的工资和差旅费，不予负责。

⑧ 施救、保护费用与修理费用应分别理算。但施救前，如果施救、保护费用与修理费用相加，估计已达到或超过保险金额时，则可推定全损予以赔偿。

⑨ 保险车辆发生保险事故后，对其停车费、保管费、扣车费及各种罚款，保险人不予负责。

⑩ 机动车损失保险的施救费用是一个单独的保险金额，而第三者责任险的施救费用不是一个

单独的赔偿限额，第三者责任险的施救费用与第三者损失金额相加不得超过第三者责任险的保险赔偿限额。

2. 施救过程中车辆损失扩大处理

车辆发生重大事故后，例如严重碰撞及倾覆，往往需要进行施救，才能使出险车辆脱离现场。

根据机动车保险条款规定："保险车辆发生保险事故后，被保险人应当采取合理的保护、施救措施，并立即向事故发生地交通管理部门报案。同时通知保险人。"被保险人未履行此条义务，保险人有权拒赔。

一般情况下，在对车辆进行施救时，难免会对出险车辆造成再次损失，例如使用吊车吊装时，钢丝绳对车身的漆皮损伤。对于合理的施救损失，保险公司可承担损伤赔偿责任（即在定损时考虑对损坏部位的修复），对于不合理的施救损失，则在定损时可不予考虑。

3. 残值确定

残值是指车辆因事故遭受损失后，残余部分或损坏维修更换下来的配件，只需经再加工就可以有再生产利用的价值。因此，保险人对因事故遭受损失后残余部分或维修后更换下来的损坏件，按照维修行业惯例和维修市场行情估算出的这部分价值，称为残值，原则上划归保险人所有。

残值确定是指保险公司根据保险合同履行了赔偿并取得对于受损标的所有权后，对这些受损标的进行处理。

在通常情况下，对于残值的处理均采用协商作价归被保险人并在保险赔款中予以扣除的做法。但在协商不成的情况下，也可以将已经赔偿的受损物资收回。这些受损物资可以委托有关部门进行拍卖处理，处理所得款项应当冲减赔款。一时无法处理的，则应交保险公司的损余物资管理部门收回。

案例一

梁先生在上班途中撞到了马路中间的花基上，致使车辆受损严重，事故发生后，他马上向保险公司报了案，然后就将车开离了主干道以恢复交通。事后，保险公司的工作人员查勘现场后，发现梁先生的车辆底盘受损，而由于梁先生在底盘受损、漏油的情况下启动汽车，又导致发动机严重损坏，因此，保险公司认为，发动机损失属于扩大损失，不在保险理赔范围内，保险公司只负责底盘受损等损失。

案例分析：

一般情况下，保险条款规定，车辆遭受损失后，未经必要修理，继续使用保险车辆，致使损失扩大的部分，保险公司不予赔偿。

如上述的梁先生在发生事故后，应第一时间拨打救援电话或及时报警，并联系保险公司，停止使用，等待定损，等待拖车，或者在车辆能推动的情况下，先把车推到路边，等待保险公司查勘现场。

任务三 汽车保险赔款理算

赔款理算是保险公司按照法律和保险合同的有关规定,根据保险事故的实际情况,核定和计算应向被保险人赔付金额的过程。

一、交强险的赔款理算

在赔偿顺序上,交强险是第一顺序,商业险是第二顺序。因此,交强险的赔款理算将影响到商业险的赔款理算。

交强险的责任限额分为有责限额和无责限额。交强险责任限额如表 8-1 所示。

表 8-1 交强险责任限额对比表

元

责任	死亡伤残	医疗费用	财产损失
有责任限额	180 000	18 000	2 000
无责任限额	18 000	1 800	100

1. 基本计算公式

保险人在交强险各分项赔偿限额内,对受害人的死亡伤残费用、医疗费用、财产损失费用分别计算赔偿。

① 总赔款 = ∑各分项损失赔款 = 死亡伤残费用赔款 + 医疗费用赔款 + 财产损失赔款;
② 各分项损失赔款 = 各分项核定损失承担金额,即以下几点;
● 死亡伤残费用赔款 = 死亡伤残费用核定承担金额;
● 医疗费用赔款 = 医疗费用核定承担金额;
● 财产损失赔款 = 财产损失核定承担金额;

◎ 提示

各分项核定损失承担金额超过交强险各分项赔偿限额的,各分项损失赔款等于交强险各分项赔偿限额。

2. 当保险事故涉及多个受害人时

(1) 基本计算公式中的相应项目

基本计算公式中的相应项目表示为：

各分项损失赔款＝∑各受害人各分项核定损失承担金额，即以下几点：

> ① 死亡伤残费用赔款＝∑各受害人死亡伤残费用核定承担金额；
> ② 医疗费用赔款＝∑各受害人医疗费用核定承担金额；
> ③ 财产损失赔款＝∑各受害人财产损失核定承担金额。

◎ 提示

各受害人各分项核定损失承担金额之和超过被保险机动车交强险相应分项赔偿限额的，各分项损失赔款等于交强险各分项赔偿限额。

(2) 赔款计算方法

保险事故涉及多个受害人的，在所有受害人均提出索赔申请，且受害人所有材料全部提交后，保险人方可计算赔款。

> ① 事故中所有受害人的分项核定损失之和在交强险分项赔偿限额之内的，按实际损失计算赔偿；
> ② 各受害人各分项核定损失承担金额之和超过被保险机动车交强险相应分项赔偿限额的，各受害人在被保险机动车交强险分项赔偿限额内应得到的赔偿计算公式为：
> 某一受害人分项损失的赔偿金额＝交强险分项赔偿限额×[事故中某一受害人的分项核定损失承担金额／(∑各受害人分项核定损失承担金额)]。

案例二： 多个受害人的赔款理算

被保险机动车A肇事造成两行人甲、乙受伤，甲医疗费用为7 500元，死亡伤残费用为6 000元；乙医疗费用为5 000元，死亡伤残费用为40 000元。A车交强险对甲、乙的赔款计算如下：

▶ 死亡伤残费用计算

因为甲、乙的死亡伤残费用6 000+40 000=46 000（元），小于A车死亡伤残责任限额180 000元，根据事故中所有受害人的分项核定损失之和在交强险分项赔偿限额之内的，按实际损失计算赔偿的方法。保险公司应赔偿甲死亡伤残费用6 000元、乙死亡伤残费用40 000元。

医疗费用赔偿计算

因为甲的医疗费用 + 乙的医疗费用 =7 500+5 000=12 500（元），小于 A 车交强险医疗费用赔偿限额 18 000 元，按实际损失计算赔偿的方法。所以 A 车保险公司赔偿甲、乙的医疗费用共计 12 500 元。

 当保险事故涉及多辆肇事机动车时

①各被保险机动车的保险人分别在交强险各分项赔偿限额内，对受害人的分项损失计算赔偿。

②各方机动车按交强险分项赔偿限额，对受害人的各分项损失进行分摊。

◎ 注：

● 肇事机动车中的无责方车辆，不参与对其他无责方车辆和车外财产损失的赔偿计算，仅参与对有责方车辆损失或车外人员伤亡损失的赔偿计算。

● 根据交强险"无责代赔"原则，无责方车辆对有责方车辆损失应承担的赔偿金额，由有责方在本方交强险无责任财产损失赔偿限额项下代赔。

● 一方全责，一方无责的，无责方对全责方车辆损失应承担的赔偿金额为全责方车辆损失，以交强险无责任财产损失赔偿限额为限。

● 一方全责，多方无责的，无责方对全责方车辆损失应承担的赔偿金额为全责方车辆损失，以各无责方交强险无责任财产损失赔偿限额之和为限。

● 多方有责，一方无责的，无责方对各有责方车辆损失应承担的赔偿金额以交强险无责任财产损失赔偿限额为限，在各有责方车辆之间平均分配。

● 多方有责，多方无责的，无责方对各有责方车辆损失应承担的赔偿金额以各无责方交强险无责任财产损失赔偿限额之和为限，在各有责方车辆之间平均分配。

● 肇事机动车中应投保而未投保交强险的车辆，视同投保机动车参与计算。

● 对于相关部门最终未进行责任认定的事故，统一适用有责任限额计算。

③肇事机动车均有责任，简化为各方机动车对受害人的各分项损失进行平均分摊。

● 对于受害人的机动车、机动车上人员、机动车上财产损失平均分摊的计算公式为：

某分项核定损失承担金额 = 受害人的该分项损失金额 ÷ ($N-1$)；

● 对于受害人的非机动车、非机动车上人员、行人、机动车外财产损失平均分摊的计算公式为：

某分项核定损失承担金额 = 受害人的该分项损失金额 ÷ N；

◎ 注：

- N 为事故中所有肇事机动车的辆数。
- 肇事机动车中应投保而未投保交强险的车辆，视同投保机动车参与计算。

④初次计算后，如果有致害方交强险限额未赔足，同时有受害方损失没有得到充分补偿，则对受害方的损失在交强险剩余限额内再次进行分配，在交强险限额内补足。对于待分配的各项损失合计没有超过剩余赔偿限额的，按分配结果赔付各方；超过剩余赔偿限额的，则按每项分配金额占各项分配金额总和的比例乘以剩余赔偿限额分摊；直至受损各方均得到足额赔偿或应赔付方交强险无剩余限额。

案例三： 两车均有责的赔款理算

A、B两机动车发生交通事故，两车均有责任。A、B两车车损分别为2 000元、5 000元，B车车上人员医疗费用为7 000元，死亡伤残费用为6万元，另造成路产损失为1 000元。

A车交强险赔偿计算

A车交强险赔偿金额=受害人死亡伤残费用赔款+受害人医疗费用赔款+受害人财产损失赔款=B车车上人员死亡伤残费用核定承担金额+B车车上人员医疗费用核定承担金额+财产损失核定承担金额。

①B车车上人员死亡伤残费用核定承担金额=60 000÷（2-1）=60 000（元），因为死亡伤残费用核定承担金额小于A车交强险分项死亡伤残有责任限额180 000元，所以保险公司应按核定承担金额赔偿60 000元。

②B车车上人员医疗费用核定承担金额=7 000÷（2-1）=7 000（元），因为医疗费用核定承担金额小于A车交强险医疗费用赔偿限额18 000元，所以保险公司应按核定承担金额赔偿7 000元。

③财产损失核定承担金额=路产损失核定承担金额+B车车损核定承担金额=1 000÷2+5 000÷（2-1）=5 500（元），超过财产损失赔偿限额，按限额赔偿，赔偿金额为2 000元。

其中，A车交强险对B车车损的赔款=财产损失赔偿限额×[B车车损核定承担金额÷（路产损失核定承担金额+B车车损核定承担金额）]=2 000×[5 000÷（1 000÷2+5 000）]=1 818.18(元)。

其中，A车交强险对路产损失的赔款=财产损失赔偿限额×路产损失核定承担金额÷（路产损失核定承担金额+B车车损核定承担金额）=2 000×[（1 000÷2）÷（1 000÷2+5 000）]=181.82(元)。

④A车交强险赔偿金额=60 000+7 000+2 000=69 000（元）。

B 车交强险赔偿计算

B 车交强险赔偿金额 = 路产损失核定承担金额 + A 车车损核定承担金额 = 1 000÷2+2 000÷（2-1）= 2 500（元），超过财产损失赔偿限额 2 000 元，按限额赔偿，赔偿金额为 2 000 元。

其中，B 车交强险对 A 车车损的赔款 = 财产损失赔偿限额 ×[A 车车损核定承担金额÷（路产损失核定承担金额 +A 车车损核定承担金额）]=2 000×[2 000÷（1 000÷2+2 000）]=1 600（元）。

其中，B 车交强险对路产损失的赔款 = 财产损失赔偿限额 × 路产损失核定承担金额÷（路产损失核定承担金额 +A 车车损核定承担金额）=2 000×[（1 000÷2）÷（1 000÷2+2 000）]=400（元）。

案例四： 一方有责、一方无责的赔款理算

A、B 两机动车发生交通事故，A 车全责，B 车无责，A、B 两车车损分别为 2 000 元、5 000 元，另造成路产损失 1 000 元。

A 车交强险赔偿计算

A 车交强险赔偿金额 =B 车车损核定承担金额 + 路产损失核定承担金额 =5 000+1 000=6 000（元），超过财产损失赔偿限额 2 000 元，按限额赔偿，赔偿金额为 2 000 元。

B 车交强险赔偿计算

B 车交强险赔偿金额 =A 车车损核定承担金额 =2 000（元），超过无责任财产损失赔偿限额 100 元，按限额赔偿，赔偿金额为 100 元。

B 车对 A 车车损应承担的 100 元赔偿金额，根据无责代赔原则，由 A 车保险人在交强险无责任财产损失赔偿限额项下代赔。

二、车损险的赔款理算

机动车损失保险的赔偿分为全部损失和部分损失两种。

1. 全部损失的赔偿

全部损失是指被保险车辆整体损毁或严重受损,失去修复价值,保险公司将其推定为全损的情况。具体分为以下两种情况:

如果保险金额高于出险当时车辆的实际价值,应当按照出险当时的实际价值计算赔偿额。

2020版机动车损失保险取消了不计免赔附加险,增加了附加绝对免赔率特约条款。如果不选择附加绝对免赔率特约条款,那么以前按照事故责任比例的免赔率全部取消。

> **说明:** 出险当时实际价值按事故发生时同类型车辆市场新车购置价(含车辆购置税)减去该车使用年限折旧后确定。

事故责任比例按交警部门判定的事故责任判定。

免赔率之和是指保险车辆驾驶员在事故中所负事故责任比例,如果选择了附加绝对免赔率特约条款,则由自己支付的免赔率、非约定驾驶员驾驶保险车辆肇事需要加扣免赔率、同一保险年度内多次出险每次加扣的免赔率、违反安全装载加扣的免赔率等相加。

保险车辆发生全部损失后,如果保险金额等于或低于出险当时该车的实际价值,则应按保险金额计算赔偿额。具体公式为:

赔款 =(保险金额 = 残值)× 事故责任比例 ×(1− 免赔率之和)。

2. 部分损失的赔偿

部分损失是指保险车辆受损后,未达到整体损毁或推定全损程度的局部损失。对部分损失的赔偿也分为两种情况:

以新车购置价确定保险金额的车辆,应按实际修理及必要、合理的施救费用计算赔偿。其公式为:

赔款 =(实际修复及施救费用 − 残值)× 事故责任比例 ×(1− 免赔率之和)。

如果投保时保险金额低于新车购车价,应当按保险金额与出险当时的新车购置价的比例计算赔偿修理及施救费用。其公式为:

赔款 =(实际修复及施救费用 − 残值)×(保险金额 ÷ 新车购置价)× 事故责任比例 ×(1− 免赔率之和)。

> **证明:** 应当注意,保险公司对车辆损失赔偿及施救费用的赔偿,分别以不超过保险金额为限,如果保险车辆部分损失一次赔款金额与免赔金额之和等于保险金额时,机动车损失保险的保险责任即行终止。

另外,施救的财产中,如果含有保险合同未保险的财产,应按保险合同保险财产的实际价值占总施救财产的实际价值比例分摊施救费用。

案例五

一辆投保了车损险的车辆发生保险事故，新车购置价（含车辆购置税）123 000 元，保险金额为 123 000 元，实际价值为 108 240 元，驾驶员承担全部责任，依据附加绝对免赔率特约条款的约定承担 15% 的免赔率，车辆全部损失，残值 430 元，则保险公司应赔付多少？

分析：
因为保险金额大于出险时的实际价值，按出险时的实际价值计算：

赔款 =（实际价值 − 残值）× 事故责任比例 ×（1− 免赔率之和）

= （108 240−430）×100% ×（1−15%）

= 91 638.5（元）。

案例六： 车上物品被盗不予理赔

田先生的凯悦轿车停放在游乐场外的停车场。取车时发现左侧车门被人撬开了，车内的笔记本电脑和摄影器材不翼而飞。派出所民警查勘痕迹后，出具了被盗证明。

此车投保了机动车损失保险。当田先生向保险公司理赔时。保险公司查勘人员查勘现场后告诉田先生，车门锁被撬受损及车内物品丢失均不属于机动车损失保险全车盗抢的理赔范围，不予理赔。

分析：
机动车损失保险全车盗抢的保险责任通常包括三项：一是保险车辆被盗窃、抢劫、抢夺，经出险当地县级以上公安刑侦部门立案证明，三个月后未查明下落的全车损失；二是保险车辆全车被盗窃、抢劫、抢夺后，受到损坏或车上零部件、附属设备丢失需要修复的合理费用；三是保险车辆在被抢劫、抢夺过程中，受到损坏需要修复的合理费用。与此相对应的是，诸如"非全车遭盗抢，仅车上零部件或附属设备被盗窃"等情形都属于全车盗抢的责任免除事项，是不予赔偿的。

三、第三者责任险的赔款理算

第三者责任险的赔偿金额按照道路交通事故处理办法规定的赔偿范围、项目和标准，以及保险合同中的约定进行确定和计算。

① 当被保险人按事故责任比例应承担的赔偿金额超过责任限额时，理算公式如下：

赔款 = 责任限额 ×（1− 免赔率之和）。

② 当被保险人按事故责任比例应承担的赔偿金额低于责任限额时，理算公式如下：

赔款 = 应承担的赔偿金额 ×（1- 免赔率之和）。

其中，应承担的赔偿金额 = 赔偿金额 × 事故责任比例。

案例七

2009 年 1 月 2 日，甲、乙两车相撞，甲车损失 2 300 元，乙车损失 80 000 元。甲车全责，乙车无责。甲、乙两车都承保了交强险和保额为 100 000 元的第三者责任险。两车都选择了附加绝对免赔率特约条款。如何理算？

分析：

甲车承保了交强险，负全责，赔偿乙车损失 2 000 元。

剩余部分赔款由第三者责任险赔偿：因为应承担的赔偿金额小于责任限额，按应承担的赔偿金额计算。甲车为全责，事故责任为 100%，按附加绝对免赔率特约条款约定免赔率为 20%。

则第三者责任险应赔偿金额 =（80 000–2 000）× 100% ×（1–20%）=62 400（元）。

乙车承保了交强险，无责，赔偿 100 元。

四、车上人员责任险

车上人员责任险

车上人员责任险赔款理算方法如下：

① 当被保险人按事故责任比例应承担的每座车上人员伤亡赔偿金额未超过保险合同载明的每人责任限额时，每人赔款等于应承担的赔偿金额；

② 当被保险人按事故责任比例应承担的每座车上人员伤亡赔偿金额超过保险合同载明的每人责任限额时，每人赔款等于责任限额；

赔款等于每人赔款之和，则赔偿人数以投保座位数为限。

案例八

甲、乙两车在行驶中发生相撞。甲车辆损失 3 000 元，车上货物损失 8 000 元，乙车辆损失 5 000 元，车上货物损失 6 000 元。甲车负主要责任，承担经济损失 70%，为 15 400 元；乙车负次要责任，承担经济损失 30%，为 6 600 元。这两辆车都投保了机动车交通事故责任强制保险、机动车损失保险（按新车购置价确定保险金额）和第三者责任险。

分析：

以投保机动车辆保险条款为例，其赔款计算应为：

甲应承担经济损失 =（甲车损 3 000+ 乙车损 5 000+ 甲车货损 8 000+ 乙车货损 6 000）× 70%=15 400（元）。

乙应承担经济损失 =（甲车损 3 000+ 乙车损 5 000+ 甲车货损 8 000+ 乙车货损 6 000）× 30%=6 600（元）。

这两辆车都投保了机动车交通事故责任强制保险、机动车损失保险（按新车购置价确定保险金额）和第三者责任险，由于第三者责任险不负责本车上货物的损失，所以，保险人的赔款计算与交通管理部门的赔款计算不一样，其赔款计算应为：

甲自负车损 = 甲车损 3 000×70%=2100（元）；

甲应赔乙车 =（乙车损 5 000+ 乙车上货损 6 000）×70%=7 700（元）；

由于事故中甲、乙两车均有责任，且给对方造成的财产损失都超过了机动车交通事故责任强制保险的保险限额，甲、乙得到保险公司机动车交通事故责任强制保险的赔款均为 2 000 元。

保险人负责甲车损和第三者责任险赔款计算应为：

赔款 = 甲自负车损 2 100+（甲应赔乙车 7 700–2 000）=7 800（元）；

乙自负车损 = 乙车损 5 000×30%=1 500（元）；

乙应赔甲车 =（甲车损 3 000+ 甲车上货损 8 000）×30%=3 300（元）。

保险人负责乙车损和第三者责任险赔款计算应为：

赔款 =[乙自负车损 1 500+（乙应赔甲车 3 300–2 000）]×（1– 免赔率 5%）=2 800（元）

五、附加险赔款理算（请参阅附录 II）

1. 附加绝对免赔率特约条款

绝对免赔率为 5%、10%、15%、20%，由投保人和保险人在投保时协商确定，具体以保险单载明为准。

被保险机动车发生主险约定的保险事故，保险人按照主险的约定计算赔款后，扣减本特约条款约定的免赔。即：

主险实际赔款 = 按主险约定计算的赔款 ×（1– 绝对免赔率）

2. 附加车轮单独损失险

在使用被保险机动车过程中，因自然灾害、意外事故，导致被保险机动车未发生其他部位的损失，仅有车轮（含轮胎、轮毂、轮毂罩）单独的直接损失，且不属于免除保险人责任的范围，保险人依照本附加险合同的约定负责赔偿。

赔款 = 实际修复费用 – 被保险人已从第三方获得的赔偿金额

在保险期间内，累计赔款金额达到保险金额，本附加险保险责任终止。

3. 附加新增加设备损失险

被保险机动车因发生机动车损失保险责任范围内的事故,造成车上新增加设备的直接损毁,保险人在保险单载明的本附加险的保险金额内,按照实际损失计算赔偿。

赔款 = 实际修复费用 – 被保险人已从第三方获得的赔偿金额

4. 附加车身划痕损失险

保险金额为 2000 元、5000 元、10000 元或 20000 元,由投保人和保险人在投保时协商确定。

赔款 = 实际修复费用 – 被保险人已从第三方获得的赔偿金额

在保险期间内,累计赔款金额达到保险金额,本附加险保险责任终止。

5. 附加修理期间费用补偿险

发生机动车损失保险责任范围内的事故,造成车身损毁,致使被保险机动车停驶,保险人按保险合同约定,在保险金额内向被保险人补偿修理期间费用,作为代步车费用或弥补停驶损失。

本附加险保险金额 = 补偿天数 × 日补偿金额。补偿天数及日补偿金额由投保人与保险人协商确定并在保险合同中载明,保险期间内约定的补偿天数最高不超过 90 天。

全车损失,按保险单载明的保险金额计算赔偿;部分损失,在保险金额内按约定的日补偿金额乘以从送修之日起至修复之日止的实际天数计算赔偿,实际天数超过双方约定修理天数的,以双方约定的修理天数为准。

保险期间内,累计赔款金额达到保险单载明的保险金额,本附加险保险责任终止。

6. 附加发动机进水损坏除外特约条款

投保了机动车损失保险的机动车,可投保本附加险。

保险期间内,投保了本附加险的被保险机动车在使用过程中,因发动机进水后导致的发动机的直接损毁,保险人不负责赔偿。

7. 附加车上货物责任险

保险期间内,发生意外事故致使被保险机动车所载货物遭受直接损毁,依法应由被保险人承担的损害赔偿责任,保险人负责赔偿。

被保险人索赔时,应提供运单、起运地货物价格证明等相关单据。保险人在责任限额内按起运地价格计算赔偿。

8. 附加精神损害抚慰金责任险

在投保人仅投保机动车第三者责任保险的基础上附加本附加险时,保险人只负责赔偿第三者的精神损害抚慰金;在投保人仅投保机动车车上人员责任保险的基础上附加本附加险时,保险人只负责赔偿车上人员的精神损害抚慰金。

本保险每次事故赔偿限额由保险人和投保人在投保时协商确定。

任务四 汽车保险索赔

索赔就是保险车辆出险时获得保险公司的赔偿。被保险人了解索赔程序，就可以更快地取得赔款。

一、汽车保险索赔流程

汽车保险索赔流程如图 8-2 所示。

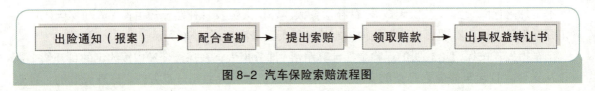

图 8-2 汽车保险索赔流程图

1. 报案

车辆出险后，被保险人应及时通知保险公司，否则，造成损失无法确定或扩大损失部分，保险公司将不予赔偿。

（1）报案期限

事故发生后 48 小时内通知保险公司。机动车全车被盗抢的要求 24 小时内通知保险公司。

（2）报案方式

使用最多的报案方式是电话报案。人寿保险、太平洋保险、平安保险这三大公司的全国统一报案电话分别为 95518、95500、95512。

（3）报案内容

报案内容包括：被保险人姓名、保单号、保险期限、保险险别；出险时间、地点、原因、车牌号码、厂牌车型；人员伤亡情况、伤者姓名、送医时间、医院名称；事故损失及施救情况、车辆停放地点；驾驶员、报案人姓名及被保险人联系电话。如果涉及第三者，还需说明第三方车辆的车型、牌照号码等信息。

(4) 异地出险报案

对于在异地出险的车辆,客户可向保险公司在当地分支机构报案。并在 48 小时内通知承保公司。在当地公司代查勘后,再回到投保所在地的保险公司填出险通知书后向承保公司办理索赔。目前有些大公司建立了异地理赔便捷网络,一些事故可以直接在当地保险公司机构直接领取赔款,不同公司有不同的相关规定。异地索赔流程如图 8-3 所示。在正常情况下,金额小于 3 000 元,本地需时为 15 个工作日,异地需时为 20 个工作日以上。金额大于 3 000 元,本地需时为 20 个工作日,异地需时为 1 个月以上。

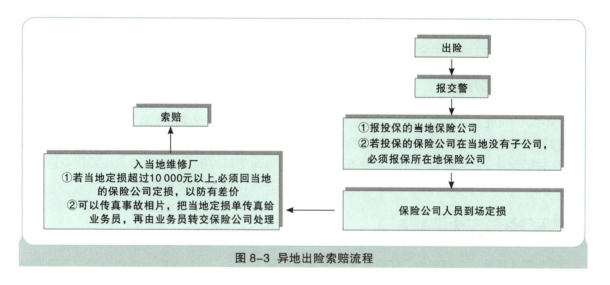

图 8-3 异地出险索赔流程

2. 配合查勘

保险公司或其委托的相关人员在出险现场检查相关车辆的受损情况,被保险人应提供相应的协助,以保证保险公司及时准确地查明事故的原因,确认损害的程度和损失的大致金额。

3. 提出索赔

被保险人向保险公司索赔时,应当在公安机关交通管理部门对交通事故处理结案之日或车辆修复起 10 天内,向保险公司提供必要的单证作为索赔证据。车险索赔单证如表 8-2 所示。

表 8-2 车险索赔单证表

① 基本索赔单证		说明
保单正本及复印件	驾驶证、行驶证复印件	基本索赔单证是指常规的任何车险事故都需要的材料
索赔申请书	出险证明	
损害赔偿调解书	被保险人身份证及复印件	
赔偿收据一式三份	交通事故认定书	
② 涉及车损案件的索赔单证		说明
定损单	汽修发票	涉及车损案件的索赔单证是指在基本索赔单证的基础上增加的材料
施工单、材料明细单	施救费用清单	

续表

③ 涉及人伤案件的索赔单证		说明
就医医院诊断证明	护理证明、休假证明	涉及人伤案件的索赔单证是指在基本索赔单证的基础上增加的材料
伤者医疗、医药费用收据	用药处方及住院清单	
残疾鉴定书	经济赔偿执行凭证	
个人缴纳所得税证明	当事人身体证明复印件	
死亡证明及户籍注销证明	抚养关系证明及户口簿复印件	
④ 涉及车辆盗抢的索赔单证		说明
车辆盗抢证明	权益转让书	涉及车辆盗抢的索赔单证是指在基本索赔单证的基础上增加的材料
机动车辆保单正本	车辆购置附加税凭证	
购车原始发票	行驶证、驾驶证、身份证复印件	

4. 领取赔款

当保险公司确定了赔偿金额后，会通知被保险人领取赔款。《保险法》第二十四条规定："对属于保险责任的，应在保险公司与被保险人达成赔偿协议后 10 日内支付；若超过 10 日，保险公司除支付赔款外，还应赔偿被保险人因未及时获得赔款而受到的损失。被保险人应提供身份证明原件，找他人代领的，需被保险人签署领取赔款授权书和代领人身份证明原件。"

5. 出具权益转让书

如果事故是第三方引起的，保险公司可先向被保险人赔偿，但被保险人需将向第三方索赔的权利转让给保险公司，再由保险公司向第三方追偿。

二、汽车保险索赔注意事项

① 小事故不找保险公司，续保时能获得 10% 的投保优惠；

② 不要把以往的小事故攒到一起报案；因为每次事故的责任和损失程度均不一样，且车辆发生保险责任范围内的损失后，未经必要的修理继续使用的，导致损失扩大的部分，保险公司不负责赔偿。

③ 事故发生后要及时施救，避免损失扩大；保险事故发生时，被保险人有责任采取必要的措施，防止或者减少损失。保险事故发生后，被保险人为防止或者减少保险标的损失所支付的必要的、合理的费用，由保险人承担；保险人所承担的数额在保险标的损失赔偿金额以外另行计算，最高不超过保险金额的数额。根据上述规定，被保险人应努力减少事故造成的损失，放任、故意扩大保险事故的损失，经证实，保险人不负责赔偿责任。

④ 当保单上的内容发生了变化时应办理批改手续；新车上牌后要补号，车辆过户或改变使用性质时，要到保险公司办理保单批改手续，保险公司会为您出具批单，记载变更的内容，作为保单的补充部分，否则，保险人有权解除合同并不负责赔偿责任。

⑤ 保险车辆发生的损失由第三方造成时，可用代位追偿向保险公司索赔；保险车辆发生的损失由第三方造成时，应当由第三者负责赔偿。《保险法》第四十五条规定："因第三者对保

险标的的损害而造成保险事故的，保险人自向被保险人赔偿保险金之日起，在赔偿金额范围内代位行使被保险人对第三者请求赔偿的权利。"被保险人在确实找不到第三者或遇第三方不予支付致使自身的利益受损的情况时，被保险人可以选择"代位追偿"方案向保险公司索赔。确实无法找到第三者而向保险公司索赔的，应注意两点：一是保险公司会实行30%的绝对免赔率；二是应以公安交通管理部门认定并出具的证明为准，非道路交通事故以当地公安部门出具的证明为准。

⑥ 被保险人不要对第三者自行承诺赔偿金额；按照车险条款规定，当保险车辆发生第三者责任事故时，保险公司将按有关规定在责任限额内核定赔偿金额。未经保险公司书面同意，被保险人自行承诺的赔偿金额，保险公司有权重新核定或拒绝赔偿。

⑦ 被保险人不要在保险公司赔偿前放弃向第三者索赔的权利；在保险公司支付赔款之前，向第三者请求赔偿的权利属于被保险人。此时，被保险人有权放弃向第三者请求赔偿的权利，但这也意味着放弃了向保险公司索赔的权利。当保险公司向被保险人支付赔款后，被保险人未经保险公司同意放弃对第三者请求赔偿权利的行为无效。

⑧ 未经保险公司认可不要擅自修复受损车辆；根据车险条款规定，车辆出险后，修理前被保险人应会同保险公司检验车辆，确定修理项目、方式和费用。否则，保险公司有权重新核定或拒绝赔偿。

车辆被查勘定损后，最好到保险公司的定点修理厂去修理。因为定损单上的维修价格是保险公司认定的汽车修理完好所需要的合理市场均价。若车主自行选择修理厂，对超出定损的修理费用由车主负责。

⑨ 索赔时应实事求是；如有隐瞒事实、伪造单证、制造假案等行为发生、被保险人除将有可能因此而受到法律制裁外，还有可能遭到保险公司拒赔。

⑩ 遭保险公司拒赔时，应让他们出具书面理由；

⑪ 单方事故只需向保险公司报案而无需向公安交通管理部门报警；车辆发生撞墙、撞树、撞水泥柱、撞隔离带或者掉入沟里等不涉及他人赔偿的事故，可以不向交警报案，但要及时向保险公司报案。在事故现场附近等候保险公司来人查勘，或电话与保险公司沟通确认后，直接将车辆开到保险公司报案、验车。

⑫ 保险索赔不要超过索赔时效；超过索赔时效，被保险人或受益人不向保险公司提出索赔或不提供必要的单证或不领取保险金的，视为放弃权利。

三、被保险人的索赔权益

1. 有及时获得损害赔偿的权益

保险公司进行查勘后，应将审查结果及时通知被保险人。如果认为有关证明和资料不完整，应通知被保险人及时补充；如果保险公司认定事故属于保险责任的，被保险人有权获得及时赔偿；如果事故不属于保险责任，保险公司应以书面形式通知拒赔。

2. 有及时获得相关费用赔偿的权益

在确定事故损失的过程中,被保险人不可避免地会产生一些费用开支。《保险法》第四十九条、第五十一条规定:"保险人、被保险人为查明和确定保险事故的性质、原因和保险标的的损失程度所支付的必要的、合理的费用,由保险人承担。责任保险的被保险人因给第三者造成损害的保险事故而被提起仲裁或者诉讼的,除合同另有约定外,由被保险人支付的仲裁费或者诉讼费以及其他必要的、合理的费用,由保险人承担。"

3. 有对保险公司赔偿提出异议的权益

被保险人如果认为保险公司的赔偿决定与自己的预期不相符时,有权对其提出异议,要求保险公司予以解释,必要时可以通过仲裁或起诉来保护自己的合法权益。

4. 有获得保险公司代位追偿超过其支付赔款的多余部分的权益

保险公司代位追偿的金额以其向被保险人支付赔款的金额为限,如果保险公司代位追偿的金额大于其支付的赔款,则超过部分应还给被保险人,保险公司不能自留。

5. 实际损失与保险公司赔偿的差额部分向第三方继续请求赔偿的权益

如果被保险人因事故的损失大于保险公司的赔款,即使向保险公司转让了代位追偿权,也不影响被保险人就保险公司赔偿不足部分向第三方继续请求赔偿的权利。

任务五　汽车保险的核赔

核赔是指在授权范围内按照保险条款和保险公司有关规章制度对赔案进行审核的过程。核赔的核心是体现权限管理和过程控制，如图8-4所示。

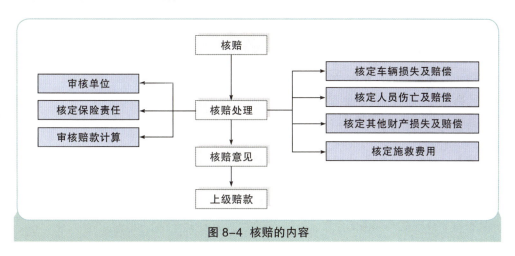

图8-4　核赔的内容

一、核赔的主要内容

1. 审核单证

审核被保险人按规定提供的单证、经办人员填写赔案的有关单证是否齐全、准确、规范和全面。

2. 核定保险责任

包括被保险人与索赔人是否相符；出险车辆的厂牌型号、牌照号码、发动机号、车架号与保险单证是否相符；出险原因是否属保险责任；出险时间是否在保险期限内；事故责任划分是否准确合理；赔偿责任是否与承保险别相符等。

3. 核定车辆损失及赔款

包括车辆定损项目，损失程度是否准确、合理；更换零部件是否按规定进行了询报价，定损项目与报价项目是否一致；换件部分拟赔款金额是否与报价金额相符；残值确定是否合理等。

4. 核定人员伤亡及赔款

根据查勘记录、调查证明和被保险人提供的事故责任认定书、事故调解书和伤残证明，依照国家有关道路交通事故处理的法律、法规规定和其他有关规定进行审核；核定伤亡人员数、伤残程度是否与调查情况和证明相符；核定人员伤亡费用是否合理；被抚养人口、年龄是否真实，生活费计算是否合理、准确等。

5. 核定其他财产损失赔款

根据照片和被保险人提供的有关货物、财产的原始发票等有关单证，核定财产损失、损余物资处理等有关项目和赔款。

6. 核定施救费用

根据案情和施救费用的有关规定，核定施救费用有效单证和金额。

7. 审核赔款计算

审核残值是否扣除、免赔率使用是否正确、赔款计算是否准确等。

上级公司对下一级进行核赔，应侧重审核普通赔案的责任认定和赔款计算的准确性；有争议赔案的旁证材料是否齐全有效；诉讼赔案的证明材料是否有效；保险公司的理由是否成立、充分；拒赔案件是否有充分证据和理由等。

结案时，机动车辆保险赔款计算书上赔款的金额必须是最终审批金额。在完善各种核赔和审批手续后，方可签发机动车辆保险赔款通知书，通知被保险人。

二、结案

在核赔审批通过后，应制作机动车辆保险领取赔款通知书，通知保险人领取赔款。工作人员按赔案编号输录机动车辆保险已决赔案登记簿，同时在机动车辆保险报案、立案登记簿备注栏中注明赔案编号、赔案日期，作为续保时能否给予无赔款优待的依据。

未决赔案指在规定的时间，完成估损、立案、尚未结案的赔款案件，或被保险人尚未领取赔款的案件。

未决赔案处理原则：

① 定期进行案件跟踪，对可以结案的案件，应敦促被保险人尽快备齐索赔材料，赔偿结案；
② 对还不能结案的案件，认真核对，调整估损金额；对超过时限，被保险人未提供手续或联系不到被保险人的未决赔案，按照注销案件处理。

三、核赔退回处理

核赔人按照审核要求进行赔案审核,重要审核相关环节是否按照要求进行案件的处理,结合各环节的案件处理信息和承保情况综合考虑,得出最终赔付意见。对于无异议的案件,核赔人核赔同意,案件将自动结案,转入支付环节;如果核赔人对案件有异议,应退回前端相应环节责任人进行进一步处理。当核赔退回的问题得到安全处理后,再发送核赔审核,核赔确认处理无误后,方可核赔通过,案件结案。核赔退回时应对问题说明清楚,以便问题处理人理会;相关问题责任人对于核赔退回案件应及时处理,问题处理完后应及时回复,回复时应针对核赔退回的问题做处理说明。

常见的退回问题及处理方式如表 8-3 所示。

表 8-3 核赔退回列举

常见问题类型示例	责任人	退回用语示例	回复用语示例
单证不全	缮制人员	缺××单证	××单证已补
理算错误	缮制人员	××险种计算错误	计算错误已修改（并上传错误计算公式）
验标信息不全	查勘定损人员	缺车架号（或车牌、发动机号）	××已上传
损失项目异议	核损人员	××更换不合理	××已删除,做修复处理
项目价格异议	核损人员	××价格偏高	价格已修改
事故真实性异议	核损或调查人员	事故真实性异议,请调查	事故已调查,调查报告已上传
保险责任异议	客服人员	驾驶证年审不合格,不属于保险责任	案件已拒赔
其他	—	—	—

四、理赔案卷管理

理赔案卷须一案一卷整理、装订、登记、保管。赔款案卷要做到单证齐全、编排有序、目录清楚、装订整齐、照片及原始单据一律粘贴整齐并附说明。

理赔案卷遵循分级审批、分级留存并按档案管理规定进行保管的原则。

1. 车险业务档案卷内的排列顺序一般遵循的原则

承保单证应该按承保工作顺序依次排列,理赔案卷应按理赔卷皮内目录内容进行排列。

2. 承保单证、赔案案卷的装订方法

① 承保单证、赔案案卷均采用"三孔一线"的装订方法,孔间距为 6.5cm,承保单证一律在卷上侧统一装订,赔案案卷一律在卷左侧统一装订,对于承保和理赔中需要附贴的单证,如保费收据、赔案收据和各种医疗费收据、修理费发票等,一律粘贴在机动车辆保险（单证）粘贴表上,粘贴整齐、美观、方便使用。

② 对于承保单证,一律按编号排序整齐,每 50 份装订一卷,赔案案卷要填写卷内目录和备考线,装订完毕后,打印自然流水号,以防卷内形式不一的单证、照片等重要原始材料遗失,对于卷内不规格的形式不一的单证（如照片、锯齿发票等）除一律粘贴在统一规格的粘贴表上之外,还应加盖清晰的骑缝章,并在粘贴表的"并张单证"中注明粘贴张数。

3. 卷内承保、理赔卷的外形尺寸

卷内承保、理赔卷的外形尺寸分别以承保副本和机动车辆保险（单证）粘贴表的大小为标准、卷皮可使用统一的车险业务档案卷皮加封，并装盒保存（每盒承保 50 份，理赔 10 份）。

4. 承保单证及赔付案卷皮上应列明内容

承保的卷皮上应列明的内容有机构名称、险种、年度、保单起止号和保管期限；赔案卷皮应注明的内容有机构名称、险种、赔案年度、赔案起止号和保管期限。

5. 档案管理要求

业务原始材料应由具体经办人提供，按顺序排列整齐，然后交档案管理人员，档案管理人员按上述要求统一建档，保管案卷人员应以保证卷内各种文件、单证的系统性、完整性和真实性为原则，当年结案的案卷归入所属业务年度，跨年度的赔案归入当年的赔案卷。

6. 业务档案的利用工作

业务档案的利用工作既要积极主动，又必须坚持严格的查阅制度，查阅时要填具调阅登记簿，由档案管理人员亲自调档案并协助查阅人查阅。

7. 承保及理赔档案的销毁和注销

根据各个公司的规定，对于车险业务一般保管期限为三年，对于超过保存期限的，经内勤人员和外勤人员共同确定确实失去保存价值的，要填具业务档案销毁登记清单，上报部门经理，方可销毁。

五、特殊案件处理

1. 简易赔案

在实际工作中，很多案件案情简单，出险原因清楚，保险责任明确，事故金额低，可在现场确定损失。为简化手续，方便客户，加快理赔速度，根据实际情况，可对这些案件实行简易处理，称之为简易赔案。

实行简易赔案处理的理赔案件必须同时具备以下条件：

① 机动车损失保险列明的自然灾害和被保险人、允许的合格驾驶员、约定的驾驶员单方肇事导致的车损险案件。
② 案情简单，出险原因清楚，保险责任明确，损失容易确定。
③ 车辆部分损失可以一次核定，已损失金额容易确定。
④ 车辆部分损失可以一次核定，且事故损失金额在 5 000 元以内。
⑤ 受损零部件可以准确容易地确定金额。

简易赔案处理的程序如图 8-5 所示。

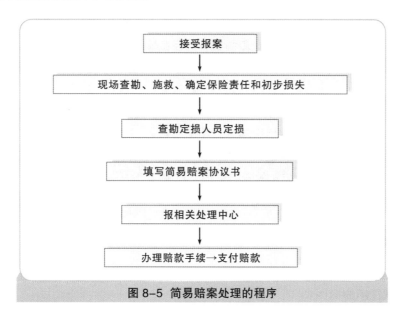

图 8-5 简易赔案处理的程序

2. 救助案件

救助案件是指对投保机动车辆保险附加救助特约责任范围内的出险车辆，实施救助理赔的案件。

救助案件处理过程如图 8-6 所示。

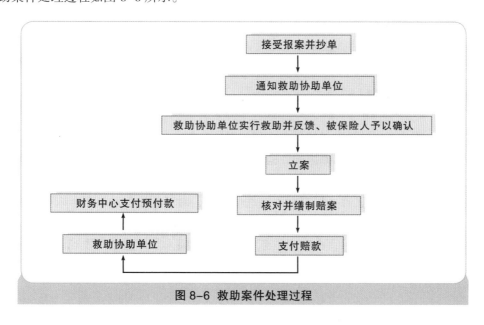

图 8-6 救助案件处理过程

3. 疑难案件

疑难案件分争议案件和疑点案件两种情况。

> ① 争议案件指保险人和被保险人对条款理解有异议或责任认定有争议的案件，在实际操作中，应采用集体讨论研究、聘请专家论证和向上级公司请示等方式解决，保证案件圆满处理；
> ② 疑点案件是指赔案要素不全面、定损过程中存在疑点或与客户协商不能达成一致的赔案。

疑点案件调查采取的形式：

> 首先，由查勘定损人员对在查勘定损过程中发现的有疑点的案件进行调查，对疑点问题必须调查落实。其次，由各保险公司的专门机构负责，对在赔案制作和审批过程中发现有疑点的案件进行调查。最后，由各保险公司的专门机构完成骗赔、错赔案件的调查。

4. 注销案件

注销案件是指保险车辆发生保险责任范围内的事故，被保险人报案、立案后未行驶保险金请求权致使案件失效注销的案件。

它分为超出索赔时效注销和主动声明放弃索赔权利注销两种情况。

> ① 超出索赔时效注销，即被保险人在保险事故发生之日起两年内未提出索赔申请的案件，由业务处理中心在两年期满前10天发出"机动车辆保险结案催告、注销通知书"，被保险人仍未索赔的，案件报业务管理处后予以注销处理；
> ② 主动声明放弃索赔权利注销的案件，在业务处理中心发出"机动车辆保险结案催告、注销通知书"后，由被保险人在回执栏签署放弃索赔权利意见。案件报业务管理处后予以注销处理。对涉及第三方损害赔偿的案件，被保险人主动声明放弃索赔权利的，要慎重处理。

5. 拒赔案件

对有些案件，根据《保险法》《机动车辆保险条款》等有关规定不属于赔偿范围的，保险公司应予以拒赔。拒赔的案件必须具有确凿的证据和充分的理由。拒赔前，应向被保险人明确说明原因，认真听取意见并向被保险人做好解释。拒赔分立案前拒赔和立案后拒赔。

立案前拒赔是指受理报案时，根据查阅的底单信息，对于超出保险期限、未投保险种出险等明显不属于保险责任的情形，明确告知报案人拒赔理由的拒赔案件。

立案后拒赔是指案件确立后，由客户服务中心查勘定损人员经查勘后发现不属于保险责任，或由业务处理中心在赔款理算过程中发现不属于理赔责任，并经业务管理部门最终审批应拒赔的案件，给予拒赔处理。

拒赔案件的拒赔原则是：

> ① 拒赔案件要严格按照《保险法》《机动车辆保险条款》有关规定处理。拒赔要有确凿的证据和充分的理由，慎重决定。
> ② 拒赔前应向被保险人明确说明原因，认真听取意见并向被保险人做好解释工作。

简答题

1. 汽车保险的原则是什么？

2. 汽车保险理赔有哪几个工作步骤？

3. 汽车维修费用的计算公式是什么？

4. 交强险中死亡伤残、医疗费用、财产损失的有责任限额各是多少？

5. 交强险中死亡伤残、医疗费用、财产损失的无责任限额各是多少？

参 考 文 献

[1] 衣娟. 汽车保险与理赔 [M]. 北京：中国石化出版社，2018.
[2] 高洪一，于洪兵. 汽车保险与理赔 [M]. 武汉：华中科技大学出版社，2018.
[3] 侯士元. 汽车保险与理赔（第2版）[M]. 北京：人民邮电出版社，2017.
[4] 台晓虹. 汽车保险与理赔 [M]. 北京：人民交通出版社，2019.
[5] 祁翠琴. 汽车保险与理赔（第2版）[M]. 北京：机械工业出版社，2017.
[6] 林绪东. 汽车保险定损与理赔实务 [M]. 北京：机械工业出版社，2016.
[7] 王一斐. 汽车保险与理赔 [M]. 北京：机械工业出版社，2017.
[8] 周燕. 汽车保险与理赔实务（第2版）[M]. 北京：机械工业出版社，2019.
[9] 陈雪梅. 汽车保险与理赔 [M]. 北京：机械工业出版社，2017.
[10] 王意东，谭金会. 汽车保险与理赔 [M]. 北京：机械工业出版社，2021.

附　录

附录 I　机动车交通事故责任强制保险条款（2020版）

总　则

第一条　根据《中华人民共和国道路交通安全法》、《中华人民共和国保险法》、《机动车交通事故责任强制保险条例》等法律、行政法规，制定本条款。[1]

第二条　机动车交通事故责任强制保险（以下简称交强险）合同由本条款与投保单、保险单、批单和特别约定共同组成。凡与交强险合同有关的约定，都应当采用书面形式。

第三条　交强险费率实行与被保险机动车道路交通安全违法行为、交通事故记录相联系的浮动机制。

签订交强险合同时，投保人应当一次支付全部保险费。保险费按照中国保险监督管理委员会（以下简称保监会）批准的交强险费率计算。

定　义

第四条　交强险合同中的被保险人是指投保人及其允许的合法驾驶人。

投保人是指与保险人订立交强险合同，并按照合同负有支付保险费义务的机动车的所有人、管理人。

第五条　交强险合同中的受害人是指因被保险机动车发生交通事故遭受人身伤亡或者财产损失的人，但不包括被保险机动车本车车上人员、被保险人。

第六条　交强险合同中的责任限额是指被保险机动车发生交通事故，保险人对每次保险事故所有受害人的人身伤亡和财产损失所承担的最高赔偿金额。责任限额分为死亡伤残赔偿限额、医疗费用赔偿限额、财产损失赔偿限额以及被保险人在道路交通事故中无责任的赔偿限额。其中无责任的赔偿限额分为无责任死亡伤残赔偿限额、无责任医疗费用赔偿限额以及无责任财产损失赔偿限额。

第七条　交强险合同中的抢救费用是指被保险机动车发生交通事故导致受害人受伤时，医疗机构对生命体征不平稳和虽然生命体征平稳但如果不采取处理措施会产生生命危险，或者导致残疾、器官功能障碍，或者导致病程明显延长的受害人，参照国务院卫生主管部门组织制定的交通事故人员创伤临床诊疗指南和国家基本医疗保险标准，采取必要的处理措施所发生的医疗费用。

保险责任

第八条 在中华人民共和国境内（不含港、澳、台地区），被保险人在使用被保险机动车过程中发生交通事故，致使受害人遭受人身伤亡或者财产损失，依法应当由被保险人承担的损害赔偿责任，保险人按照交强险合同的约定对每次事故在下列赔偿限额内负责赔偿：

（一）死亡伤残赔偿限额为180000元；

（二）医疗费用赔偿限额为18000元；

（三）财产损失赔偿限额为2000元；

（四）被保险人无责任时，无责任死亡伤残赔偿限额为18000元；无责任医疗费用赔偿限额为1800元；无责任财产损失赔偿限额为100元。

死亡伤残赔偿限额和无责任死亡伤残赔偿限额项下负责赔偿丧葬费、死亡补偿费、受害人亲属办理丧葬事宜支出的交通费用、残疾赔偿金、残疾辅助器具费、护理费、康复费、交通费、被扶养人生活费、住宿费、误工费，被保险人依照法院判决或者调解承担的精神损害抚慰金。

医疗费用赔偿限额和无责任医疗费用赔偿限额项下负责赔偿医药费、诊疗费、住院费、住院伙食补助费，必要的、合理的后续治疗费、整容费、营养费。

追 偿

第九条 被保险机动车在本条（一）至（四）之一的情形下发生交通事故，造成受害人受伤需要抢救的，保险人在接到公安机关交通管理部门的书面通知和医疗机构出具的抢救费用清单后，按照国务院卫生主管部门组织制定的交通事故人员创伤临床诊疗指南和国家基本医疗保险标准进行核实。对于符合规定的抢救费用，保险人在医疗费用赔偿限额内垫付。被保险人在交通事故中无责任的，保险人在无责任医疗费用赔偿限额内垫付。对于其他损失和费用，保险人不负责垫付和赔偿。

（一）驾驶人未取得驾驶资格的；

（二）驾驶人醉酒的；

（三）被保险机动车被盗抢期间肇事的；

（四）被保险人故意制造交通事故的。

对于垫付的抢救费用，保险人有权向致害人追偿。

责任免除

第十条 下列损失和费用，交强险不负责赔偿和垫付：

（一）因受害人故意造成的交通事故的损失；

（二）被保险人所有的财产及被保险机动车上的财产遭受的损失；

（三）被保险机动车发生交通事故，致使受害人停业、停驶、停电、停水、停气、停产、通讯或者网络中断、数据丢失、电压变化等造成的损失以及受害人财产因市场价格变动造成的贬值、修理后因价值降低造成的损失等其他各种间接损失；

（四）因交通事故产生的仲裁或者诉讼费用以及其他相关费用。

保险期间

第十一条 除国家法律、行政法规另有规定外，交强险合同的保险期间为一年，以保险单载明的起止时间为准。

义 务

第十二条 投保人投保时，应当如实填写投保单，向保险人如实告知重要事项，并提供被保险机动车的行驶证和驾驶证复印件。重要事项包括机动车的种类、厂牌型号、识别代码、号牌号码、使用性质和机动车所有人或者管理人的姓名（名称）、性别、年龄、住所、身份证或者驾驶证号码（组织机构代码）、续保前该机动车发生事故的情况以及保监会规定的其他事项。

投保人未如实告知重要事项，对保险费计算有影响的，保险人按照保单年度重新核定保险费计收。

第十三条 签订交强险合同时，投保人不得在保险条款和保险费率之外，向保险人提出附加其他条件的要求。

第十四条 投保人续保的，应当提供被保险机动车上一年度交强险的保险单。

第十五条 在保险合同有效期内，被保险机动车因改装、加装、使用性质改变等导致危险程度增加的，被保险人应当及时通知保险人，并办理批改手续。否则，保险人按照保单年度重新核定保险费计收。

第十六条 被保险机动车发生交通事故，被保险人应当及时采取合理、必要的施救和保护措施，并在事故发生后及时通知保险人。

第十七条 发生保险事故后，被保险人应当积极协助保险人进行现场查勘和事故调查。

发生与保险赔偿有关的仲裁或者诉讼时，被保险人应当及时书面通知保险人。

赔偿处理

第十八条 被保险机动车发生交通事故的，由被保险人向保险人申请赔偿保险金。被保险人索赔时，应当向保险人提供以下材料：

（一）交强险的保险单；

（二）被保险人出具的索赔申请书；

（三）被保险人和受害人的有效身份证明、被保险机动车行驶证和驾驶人的驾驶证；

（四）公安机关交通管理部门出具的事故证明，或者人民法院等机构出具的有关法律文书及其他证明；

（五）被保险人根据有关法律法规规定选择自行协商方式处理交通事故的，应当提供依照《交通事故处理程序规定》规定的记录交通事故情况的协议书；

（六）受害人财产损失程度证明、人身伤残程度证明、相关医疗证明以及有关损失清单和费用单据；

（七）其他与确认保险事故的性质、原因、损失程度等有关的证明和资料。

第十九条 保险事故发生后，保险人按照国家有关法律法规规定的赔偿范围、项目和标准以及交强险合同的约定,并根据国务院卫生主管部门组织制定的交通事故人员创伤临床诊疗指南和国家基本医疗保险标准,在交强险的责任限额内核定人身伤亡的赔偿金额。

第二十条 因保险事故造成受害人人身伤亡的,未经保险人书面同意,被保险人自行承诺或支付的赔偿金额,保险人在交强险责任限额内有权重新核定。

因保险事故损坏的受害人财产需要修理的,被保险人应当在修理前会同保险人检验,协商确定修理或者更换项目、方式和费用。否则,保险人在交强险责任限额内有权重新核定。

第二十一条 被保险机动车发生涉及受害人受伤的交通事故,因抢救受害人需要保险人支付抢救费用的,保险人在接到公安机关交通管理部门的书面通知和医疗机构出具的抢救费用清单后,按照国务院卫生主管部门组织制定的交通事故人员创伤临床诊疗指南和国家基本医疗保险标准进行核实。对于符合规定的抢救费用,保险人在医疗费用赔偿限额内支付。被保险人在交通事故中无责任的,保险人在无责任医疗费用赔偿限额内支付。

变更终止

第二十二条 在交强险合同有效期内,被保险机动车所有权发生转移的,投保人应当及时通知保险人,并办理交强险合同变更手续。

第二十三条 在下列三种情况下,投保人可以要求解除交强险合同:
(一)被保险机动车被依法注销登记的;
(二)被保险机动车办理停驶的;
(三)被保险机动车经公安机关证实丢失的。

交强险合同解除后,投保人应当及时将保险单、保险标志交还保险人;无法交回保险标志的,应当向保险人说明情况,征得保险人同意。

第二十四条 发生《机动车交通事故责任强制保险条例》所列明的投保人、保险人解除交强险合同的情况时,保险人按照日费率收取自保险责任开始之日起至合同解除之日止期间的保险费。

附 则

第二十五条 因履行交强险合同发生争议的,由合同当事人协商解决。协商不成的,提交保险单载明的仲裁委员会仲裁。保险单未载明仲裁机构或者争议发生后未达成仲裁协议的,可以向人民法院起诉。

第二十六条 交强险合同争议处理适用中华人民共和国法律。

第二十七条 本条款未尽事宜,按照《机动车交通事故责任强制保险条例》执行。

附录 II 机动车商业保险条款 (2020 版)

总　则

第一条　本保险条款分为主险、附加险。

主险包括机动车损失保险、机动车第三者责任保险、机动车车上人员责任保险共三个独立的险种，投保人可以选择投保全部险种，也可以选择投保其中部分险种。保险人依照本保险合同的约定，按照承保险种分别承担保险责任。

附加险不能独立投保。附加险条款与主险条款相抵触的，以附加险条款为准，附加险条款未尽之处，以主险条款为准。

第二条　本保险合同中的被保险机动车是指在中华人民共和国境内(不含港、澳、台地区)行驶，以动力装置驱动或者牵引，上道路行驶的供人员乘用或者用于运送物品以及进行专项作业的轮式车辆(含挂车)、履带式车辆和其他运载工具，但不包括摩托车、拖拉机、特种车。

第三条　本保险合同中的第三者是指因被保险机动车发生意外事故遭受人身伤亡或者财产损失的人，但不包括被保险机动车本车车上人员、被保险人。

第四条　本保险合同中的车上人员是指发生意外事故的瞬间，在被保险机动车车体内或车体上的人员，包括正在上下车的人员。

第五条　本保险合同中的各方权利和义务，由保险人、投保人遵循公平原则协商确定。保险人、投保人自愿订立本保险合同。

除本保险合同另有约定外，投保人应在保险合同成立时一次交清保险费。保险费未交清前，本保险合同不生效。

第一部分　基本险

第一章　机动车损失保险

保险责任

第六条　保险期间内，被保险人或被保险机动车驾驶人(以下简称"驾驶人")在使用被保险机动车过程中，因自然灾害、意外事故造成被保险机动车直接损失，且不属于免除保险人责任的范围，保险人依照本保险合同的约定负责赔偿

第七条　保险期间内，被保险机动车被盗窃、抢劫、抢夺，经出险地县级以上公安刑侦部门立案证明，满60天未查明下落的全车损失，以及因被盗窃、抢劫、抢夺受到损坏造成的直接损失，且不属于免除保险人责任的范围，保险人依照本保险合同的约定负责赔偿。

第八条　发生保险事故时，被保险人或驾驶人为防止或者减少被保险机动车的损失所支付的必要的、合理的施救费用，由保险人承担；施救费用数额在被保险机动车损失赔偿金额以外另行计算，最高不超过保险金额。

责任免除

第九条 在上述保险责任范围内，下列情况下，不论任何原因造成被保险机动车的任何损失和费用，保险人均不负责赔偿：

（一）事故发生后，被保险人或驾驶人故意破坏、伪造现场，毁灭证据；

（二）驾驶人有下列情形之一者：

1. 交通肇事逃逸；

2. 饮酒、吸食或注射毒品、服用国家管制的精神药品或者麻醉药品；

3. 无驾驶证，驾驶证被依法扣留、暂扣、吊销、注销期间；

4. 驾驶与驾驶证载明的准驾车型不相符合的机动车。

（三）被保险机动车有下列情形之一者：

1. 发生保险事故时被保险机动车行驶证、号牌被注销；

2. 被扣留、收缴、没收期间；

3. 竞赛、测试期间，在营业性场所维修、保养、改装期间；

4. 被保险人或驾驶人故意或重大过失，导致被保险机动车被利用从事犯罪行为。

第十条 下列原因导致的被保险机动车的损失和费用，保险人不负责赔偿：

（一）战争、军事冲突、恐怖活动、暴乱、污染（含放射性污染）、核反应、核辐射；

（二）违反安全装载规定；

（三）被保险机动车被转让、改装、加装或改变使用性质等，导致被保险机动车危险程度显著增加，且未及时通知保险人，因危险程度显著增加而发生保险事故的；

（四）投保人、被保险人或驾驶人故意制造保险事故。

第十一条 下列损失和费用，保险人不负责赔偿：

（一）因市场价格变动造成的贬值、修理后因价值降低引起的减值损失；

（二）自然磨损、朽蚀、腐蚀、故障、本身质量缺陷；

（三）投保人、被保险人或驾驶人知道保险事故发生后，故意或者因重大过失未及时通知，致使保险事故的性质、原因、损失程度等难以确定的，保险人对无法确定的部分，不承担赔偿责任，但保险人通过其他途径已经知道或者应当及时知道保险事故发生的除外；

（四）因被保险人违反本条款第十五条约定，导致无法确定的损失；

（五）车轮单独损失，无明显碰撞痕迹的车身划痕，以及新增加设备的损失；

（六）非全车盗抢、仅车上零部件或附属设备被盗窃。

免赔额

第十二条 对于投保人与保险人在投保时协商确定绝对免赔额的，保险人在依据本保险合同约定计算赔款的基础上，增加每次事故绝对免赔额。

保险金额

第十三条 保险金额按投保时被保险机动车的实际价值确定。

投保时被保险机动车的实际价值由投保人与保险人根据投保时的新车购置价减去折旧金额后的价格协商确定或其他市场公允价值协商确定。

折旧金额可根据本保险合同列明的参考折旧系数表确定。

赔偿处理

第十四条 发生保险事故后，保险人依据本条款约定在保险责任范围内承担赔偿责任。赔偿方式由保险人与被保险人协商确定。

第十五条 因保险事故损坏的被保险机动车，修理前被保险人应当会同保险人检验，协商确定维修机构、修理项目、方式和费用。无法协商确定的，双方委托共同认可的有资质的第三方进行评估。

第十六条 被保险机动车遭受损失后的残余部分由保险人、被保险人协商处理。如折归被保险人的，由双方协商确定其价值并在赔款中扣除。

第十七条 因第三方对被保险机动车的损害而造成保险事故，被保险人向第三方索赔的，保险人应积极协助；被保险人也可以直接向本保险人索赔，保险人在保险金额内先行赔付被保险人，并在赔偿金额内代位行使被保险人对第三方请求赔偿的权利。

被保险人已经从第三方取得损害赔偿的，保险人进行赔偿时，相应扣减被保险人从第三方已取得的赔偿金额。

保险人未赔偿之前，被保险人放弃对第三方请求赔偿的权利的，保险人不承担赔偿责任。

被保险人故意或者因重大过失致使保险人不能行使代位请求赔偿的权利的，保险人可以扣减或者要求返还相应的赔款。

保险人向被保险人先行赔付的，保险人向第三方行使代位请求赔偿的权利时，被保险人应当向保险人提供必要的文件和所知道的有关情况。

第十八条 机动车损失赔款按以下方法计算：

(一) 全部损失

赔款 = 保险金额 – 被保险人已从第三方获得的赔偿金额 – 绝对免赔额

(二) 部分损失

被保险机动车发生部分损失，保险人按实际修复费用在保险金额内计算赔偿：

赔款 = 实际修复费用 – 被保险人已从第三方获得的赔偿金额 – 绝对免赔额

(三) 施救费

施救的财产中，含有本保险合同之外的财产，应按本保险合同保险财产的实际价值占总施救财产的实际价值比例分摊施救费用。

第十九条 被保险机动车发生本保险事故，导致全部损失，或一次赔款金额与免赔金额之和(不含施救费)达到保险金额，保险人按本保险合同约定支付赔款后，本保险责任终止，保险人不退还机动车损失保险及其附加险的保险费。

第二章 机动车第三者责任保险

保险责任

第二十条 保险期间内，被保险人或其允许的驾驶人在使用被保险机动车过程中发生意外事故，致使第三者遭受人身伤亡或财产直接损毁，依法应当对第三者承担的损害赔偿责任，且不属于免除保险人责任的范围，保险人依照本保险合同的约定，对于超过机动车交通事故责任强制保险各分项赔偿限额的部分负责赔偿。

第二十一条　保险人依据被保险机动车一方在事故中所负的事故责任比例，承担相应的赔偿责任。

被保险人或被保险机动车一方根据有关法律法规选择自行协商或由公安机关交通管理部门处理事故，但未确定事故责任比例的，按照下列规定确定事故责任比例：

被保险机动车一方负主要事故责任的，事故责任比例为70%；

被保险机动车一方负同等事故责任的，事故责任比例为50%；

被保险机动车一方负次要事故责任的，事故责任比例为30%。

涉及司法或仲裁程序的，以法院或仲裁机构最终生效的法律文书为准。

责任免除

第二十二条　在上述保险责任范围内，下列情况下，不论任何原因造成的人身伤亡、财产损失和费用，保险人均不负责赔偿：

（一）事故发生后，被保险人或其允许的驾驶人故意破坏、伪造现场、毁灭证据；

（二）驾驶人有下列情形之一者：

1. 交通肇事逃逸；
2. 饮酒、吸食或注射毒品、服用国家管制的精神药品或者麻醉药品；
3. 无驾驶证，驾驶证被依法扣留、暂扣、吊销、注销期间；
4. 驾驶与驾驶证载明的准驾车型不相符合的机动车；
5. 非被保险人允许的驾驶人。

（三）被保险机动车有下列情形之一者：

1. 发生保险事故时被保险机动车行驶证、号牌被注销的；
2. 被扣留、收缴、没收期间；
3. 竞赛、测试期间，在营业性场所维修、保养、改装期间；
4. 全车被盗窃、被抢劫、被抢夺、下落不明期间。

第二十三条　下列原因导致的人身伤亡、财产损失和费用，保险人不负责赔偿：

（一）战争、军事冲突、恐怖活动、暴乱、污染（含放射性污染）、核反应、核辐射；

（二）第三者、被保险人或驾驶人故意制造保险事故、犯罪行为，第三者与被保险人或其他致害人恶意串通的行为；

（三）被保险机动车被转让、改装、加装或改变使用性质等，导致被保险机动车危险程度显著增加，且未及时通知保险人，因危险程度显著增加而发生保险事故的。

第二十四条　下列人身伤亡、财产损失和费用，保险人不负责赔偿：

（一）被保险机动车发生意外事故，致使任何单位或个人停业、停驶、停电、停水、停气、停产、通讯或网络中断、电压变化、数据丢失造成的损失以及其他各种间接损失；

（二）第三者财产因市场价格变动造成的贬值，修理后因价值降低引起的减值损失；

（三）被保险人及其家庭成员、被保险人允许的驾驶人及其家庭成员所有、承租、使用、管理、运输或代管的财产的损失，以及本车上财产的损失；

（四）被保险人、驾驶人、本车车上人员的人身伤亡；

（五）停车费、保管费、扣车费、罚款、罚金或惩罚性赔款；

（六）超出《道路交通事故受伤人员临床诊疗指南》和国家基本医疗保险同类医疗费用标准的费用部分；

（七）律师费，未经保险人事先书面同意的诉讼费、仲裁费；

（八）投保人、被保险人或驾驶人知道保险事故发生后，故意或者因重大过失未及时通知，致使保险事故的性质、原因、损失程度等难以确定的，保险人对无法确定的部分，不承担赔偿责任，但保险人通过其他途径已经知道或者应当及时知道保险事故发生的除外；

（九）因被保险人违反本条款第二十八条约定，导致无法确定的损失；

（十）精神损害抚慰金；

（十一）应当由机动车交通事故责任强制保险赔偿的损失和费用；

保险事故发生时，被保险机动车未投保机动车交通事故责任强制保险或机动车交通事故责任强制保险合同已经失效的，对于机动车交通事故责任强制保险责任限额以内的损失和费用，保险人不负责赔偿。

责任限额

第二十五条 每次事故的责任限额，由投保人和保险人在签订本保险合同时协商确定。

第二十六条 主车和挂车连接使用时视为一体，发生保险事故时，由主车保险人和挂车保险人按照保险单上载明的机动车第三者责任保险责任限额的比例，在各自的责任限额内承担赔偿责任。

赔偿处理

第二十七条 保险人对被保险人或其允许的驾驶人给第三者造成的损害，可以直接向该第三者赔偿。

被保险人或其允许的驾驶人给第三者造成损害，对第三者应负的赔偿责任确定的，根据被保险人的请求，保险人应当直接向该第三者赔偿。被保险人怠于请求的，第三者就其应获赔偿部分直接向保险人请求赔偿的，保险人可以直接向该第三者赔偿。

被保险人或其允许的驾驶人给第三者造成损害，未向该第三者赔偿的，保险人不得向被保险人赔偿。

第二十八条 发生保险事故后，保险人依据本条款约定在保险责任范围内承担赔偿责任。赔偿方式由保险人与被保险人协商确定。

因保险事故损坏的第三者财产，修理前被保险人应当会同保险人检验，协商确定维修机构、修理项目、方式和费用。无法协商确定的，双方委托共同认可的有资质的第三方进行评估。

第二十九条 赔款计算

（一）当（依合同约定核定的第三者损失金额－机动车交通事故责任强制保险的分项赔偿限额）×事故责任比例等于或高于每次事故责任限额时：

赔款＝每次事故责任限额

（二）当（依合同约定核定的第三者损失金额－机动车交通事故责任强制保险的分项赔偿限额）×事故责任比例低于每次事故责任限额时：

赔款＝（依合同约定核定的第三者损失金额－机动车交通事故责任强制保险的分项赔偿限额）×事故责任比例

第三十条 保险人按照《道路交通事故受伤人员临床诊疗指南》和国家基本医疗保险的同类医疗费用标准核定医疗费用的赔偿金额。

未经保险人书面同意，被保险人自行承诺或支付的赔偿金额，保险人有权重新核定。不属于保险人赔偿范围或超出保险人应赔偿金额的，保险人不承担赔偿责任。

第三章　机动车车上人员责任保险

保险责任

第三十一条　保险期间内，被保险人或其允许的驾驶人在使用被保险机动车过程中发生意外事故，致使车上人员遭受人身伤亡，且不属于免除保险人责任的范围，依法应当对车上人员承担的损害赔偿责任，保险人依照本保险合同的约定负责赔偿。

第三十二条　保险人依据被保险机动车一方在事故中所负的事故责任比例，承担相应的赔偿责任。

被保险人或被保险机动车一方根据有关法律法规选择自行协商或由公安机关交通管理部门处理事故，但未确定事故责任比例的，按照下列规定确定事故责任比例：

被保险机动车一方负主要事故责任的，事故责任比例为70%；

被保险机动车一方负同等事故责任的，事故责任比例为50%；

被保险机动车一方负次要事故责任的，事故责任比例为30%。

涉及司法或仲裁程序的，以法院或仲裁机构最终生效的法律文书为准。

责任免除

第三十三条　在上述保险责任范围内，下列情况下，不论任何原因造成的人身伤亡，保险人均不负责赔偿：

（一）事故发生后，被保险人或驾驶人故意破坏、伪造现场，毁灭证据；

（二）驾驶人有下列情形之一者：

1. 交通肇事逃逸；

2. 饮酒、吸食或注射毒品、服用国家管制的精神药品或者麻醉药品；

3. 无驾驶证，驾驶证被依法扣留、暂扣、吊销、注销期间；

4. 驾驶与驾驶证载明的准驾车型不相符合的机动车；

5. 非被保险人允许的驾驶人。

（三）被保险机动车有下列情形之一者：

1. 发生保险事故时被保险机动车行驶证、号牌被注销的；

2. 被扣留、收缴、没收期间；

3. 在竞赛、测试期间，在营业性场所维修、保养、改装期间；

4. 全车被盗窃、被抢劫、被抢夺、下落不明期间。

第三十四条　下列原因导致的人身伤亡，保险人不负责赔偿：

（一）战争、军事冲突、恐怖活动、暴乱、污染（含放射性污染）、核反应、核辐射；

（二）被保险机动车被转让、改装、加装或改变使用性质等，导致被保险机动车危险程度显著增加，且未及时通知保险人，因危险程度显著增加而发生保险事故的；

（三）投保人、被保险人或驾驶人故意制造保险事故。

第三十五条　下列人身伤亡、损失和费用，保险人不负责赔偿：

（一）被保险人及驾驶人以外的其他车上人员的故意行为造成的自身伤亡；

（二）车上人员因疾病、分娩、自残、斗殴、自杀、犯罪行为造成的自身伤亡；

（三）罚款、罚金或惩罚性赔款；

（四）超出《道路交通事故受伤人员临床诊疗指南》和国家基本医疗保险同类医疗费用标准的费用部分；

（五）律师费，未经保险人事先书面同意的诉讼费、仲裁费；

（六）投保人、被保险人或驾驶人知道保险事故发生后，故意或者因重大过失未及时通知，致使保险事故的性质、原因、损失程度等难以确定的，保险人对无法确定的部分，不承担赔偿责任，但保险人通过其他途径已经知道或者应当及时知道保险事故发生的除外；

（七）精神损害抚慰金；

（八）应当由机动车交通事故责任强制保险赔付的损失和费用。

责任限额

第三十六条　驾驶人每次事故责任限额和乘客每次事故每人责任限额由投保人和保险人在投保时协商确定。投保乘客座位数按照被保险机动车的核定载客数（驾驶人座位除外）确定。

赔偿处理

第三十七条　赔款计算

（一）对每座的受害人，当（依合同约定核定的每座车上人员人身伤亡损失金额－应由机动车交通事故责任强制保险赔偿的金额）×事故责任比例高于或等于每次事故每座责任限额时：

赔款＝每次事故每座责任限额

（二）对每座的受害人，当（依合同约定核定的每座车上人员人身伤亡损失金额－应由机动车交通事故责任强制保险赔偿的金额）×事故责任比例低于每次事故每座责任限额时：

赔款＝（依合同约定核定的每座车上人员人身伤亡损失金额－应由机动车交通事故责任强制保险赔偿的金额）×事故责任比例

第三十八条　保险人按照《道路交通事故受伤人员临床诊疗指南》和国家基本医疗保险的同类医疗费用标准核定医疗费用的赔偿金额。

未经保险人书面同意，被保险人自行承诺或支付的赔偿金额，保险人有权重新核定。不属于保险人赔偿范围或超出保险人应赔偿金额的，保险人不承担赔偿责任。

第二部分　通用条款

保险期间

第三十九条　除另有约定外，保险期间为一年，以保险单载明的起讫时间为准。

其他事项

第四十条　发生保险事故时，被保险人或驾驶人应当及时采取合理的、必要的施救和保护措施，防止或者减少损失，并在保险事故发生后48小时内通知保险人。

被保险机动车全车被盗抢的，被保险人知道保险事故发生后，应在 24 小时内向出险当地公安刑侦部门报案，并通知保险人。

被保险人索赔时，应当向保险人提供与确认保险事故的性质、原因、损失程度等有关的证明和资料。

被保险人应当提供保险单、损失清单、有关费用单据、被保险机动车行驶证和发生事故时驾驶人的驾驶证。

属于道路交通事故的，被保险人应当提供公安机关交通管理部门或法院等机构出具的事故证明、有关的法律文书（判决书、调解书、裁定书、裁决书等）及其他证明。被保险人或其允许的驾驶人根据有关法律法规规定选择自行协商方式处理交通事故的，被保险人应当提供依照《道路交通事故处理程序规定》签订记录交通事故情况的协议书。

被保险机动车被盗抢的，被保险人索赔时，须提供保险单、损失清单、有关费用单据、《机动车登记证书》、机动车来历凭证以及出险当地县级以上公安刑侦部门出具的盗抢立案证明。

第四十一条　保险人按照本保险合同的约定，认为被保险人索赔提供的有关证明和资料不完整的，应当及时一次性通知被保险人补充提供。

第四十二条　保险人收到被保险人的赔偿请求后，应当及时作出核定；情形复杂的，应当在三十日内作出核定。保险人应当将核定结果通知被保险人；对属于保险责任的，在与被保险人达成赔偿协议后十日内，履行赔偿义务。保险合同对赔偿期限另有约定的，保险人应当按照约定履行赔偿义务。

保险人未及时履行前款约定义务的，除支付赔款外，应当赔偿被保险人因此受到的损失。

第四十三条　保险人依照本条款第四十二条的约定作出核定后，对不属于保险责任的，应当自作出核定之日起三日内向被保险人发出拒绝赔偿通知书，并说明理由。

第四十四条　保险人自收到赔偿请求和有关证明、资料之日起六十日内，对其赔偿数额不能确定的，应当根据已有证明和资料可以确定的数额先予支付；保险人最终确定赔偿数额后，应当支付相应的差额。

第四十五条　保险人受理报案、现场查勘、核定损失、参与诉讼、进行抗辩、要求被保险人提供证明和资料、向被保险人提供专业建议等行为，均不构成保险人对赔偿责任的承诺。

第四十六条　在保险期间内，被保险机动车转让他人的，受让人承继被保险人的权利和义务。被保险人或者受让人应当及时通知保险人，并及时办理保险合同变更手续。

因被保险机动车转让导致被保险机动车危险程度发生显著变化的，保险人自收到前款约定的通知之日起三十日内，可以相应调整保险费或者解除本保险合同。

第四十七条　保险责任开始前，投保人要求解除本保险合同的，应当向保险人支付应交保险费金额 3% 的退保手续费，保险人应当退还保险费。

保险责任开始后，投保人要求解除本保险合同的，自通知保险人之日起，本保险合同解除。保险人按日收取自保险责任开始之日起至合同解除之日止期间的保险费，并退还剩余部分保险费。

第四十八条　因履行本保险合同发生的争议，由当事人协商解决，协商不成的，由当事人从下列两种合同争议解决方式中选择一种，并在本保险合同中载明：

（一）提交保险单载明的仲裁委员会仲裁；

（二）依法向人民法院起诉。

本保险合同适用中华人民共和国法律（不含港、澳、台地区法律）。

第三部分 附加险

附加险条款的法律效力优于主险条款。附加险条款未尽事宜,以主险条款为准。除附加险条款另有约定外,主险中的责任免除、双方义务同样适用于附加险。主险保险责任终止的,其相应的附加险保险责任同时终止。

1. 附加绝对免赔率特约条款
2. 附加车轮单独损失险
3. 附加新增加设备损失险
4. 附加车身划痕损失险
5. 附加修理期间费用补偿险
6. 附加发动机进水损坏除外特约条款
7. 附加车上货物责任险
8. 附加精神损害抚慰金责任险
9. 附加法定节假日限额翻倍险
10. 附加医保外医疗费用责任险
11. 附加机动车增值服务特约条款

附加绝对免赔率特约条款

绝对免赔率为5%、10%、15%、20%,由投保人和保险人在投保时协商确定,具体以保险单载明为准。

被保险机动车发生主险约定的保险事故,保险人按照主险的约定计算赔款后,扣减本特约条款约定的免赔。即:

主险实际赔款 = 按主险约定计算的赔款 ×(1- 绝对免赔率)

附加车轮单独损失险

投保了机动车损失保险的机动车,可投保本附加险。

第一条 保险责任

保险期间内,被保险人或被保险机动车驾驶人在使用被保险机动车过程中,因自然灾害、意外事故,导致被保险机动车未发生其他部位的损失,仅有车轮(含轮胎、轮毂、轮毂罩)单独的直接损失,且不属于免除保险人责任的范围,保险人依照本附加险合同的约定负责赔偿。

第二条 责任免除

(一)车轮(含轮胎、轮毂、轮毂罩)的自然磨损、朽蚀、腐蚀、故障、本身质量缺陷;

(二)未发生全车盗抢,仅车轮单独丢失。

第三条 保险金额

保险金额由投保人和保险人在投保时协商确定。

第四条 赔偿处理

(一)发生保险事故后,保险人依据本条款约定在保险责任范围内承担赔偿责任。赔偿方式由保险人与被保险人协商确定;

(二)赔款 = 实际修复费用 - 被保险人已从第三方获得的赔偿金额;

(三)在保险期间内,累计赔款金额达到保险金额,本附加险保险责任终止。

附加新增加设备损失险

投保了机动车损失保险的机动车，可投保本附加险。

第一条 保险责任

保险期间内，投保了本附加险的被保险机动车因发生机动车损失保险责任范围内的事故，造成车上新增加设备的直接损毁，保险人在保险单载明的本附加险的保险金额内，按照实际损失计算赔偿。

第二条 保险金额

保险金额根据新增加设备投保时的实际价值确定。新增加设备的实际价值是指新增加设备的购置价减去折旧金额后的金额。

第三条 赔偿处理

发生保险事故后，保险人依据本条款约定在保险责任范围内承担赔偿责任。赔偿方式由保险人与被保险人协商确定。

赔款 = 实际修复费用 − 被保险人已从第三方获得的赔偿金额

附加车身划痕损失险

投保了机动车损失保险的机动车，可投保本附加险。

第一条 保险责任

保险期间内，被保险机动车在被保险人或被保险机动车驾驶人使用过程中，发生无明显碰撞痕迹的车身划痕损失，保险人按照保险合同约定负责赔偿。

第二条 责任免除

(一) 被保险人及其家庭成员、驾驶人及其家庭成员的故意行为造成的损失；

(二) 因投保人、被保险人与他人的民事、经济纠纷导致的任何损失；

(三) 车身表面自然老化、损坏，腐蚀造成的任何损失。

第三条 保险金额

保险金额为 2000 元、5000 元、10000 元或 20000 元，由投保人和保险人在投保时协商确定

第四条 赔偿处理

(一) 发生保险事故后，保险人依据本条款约定在保险责任范围内承担赔偿责任，赔偿方式由保险人与被保险人协商确定。

赔款 = 实际修复费用 − 被保险人已从第三方获得的赔偿金额

(二) 在保险期间内，累计赔款金额达到保险金额，本附加险保险责任终止。

附加修理期间费用补偿险

投保了机动车损失保险的机动车，可投保本附加险。

第一条 保险责任

保险期间内，投保了本条款的机动车在使用过程中，发生机动车损失保险责任范围内的事故，造成车身损毁，致使被保险机动车停驶，保险人按保险合同约定，在保险金额内向被保险人补偿修理期间费用，作为代步车费用或弥补停驶损失。

第二条 责任免除

下列情况下，保险人不承担修理期间费用补偿：

(一) 因机动车损失保险责任范围以外的事故而致被保险机动车的损毁或修理；

(二)非在保险人认可的修理厂修理时,因车辆修理质量不合要求造成返修;

(三)被保险人或驾驶人拖延车辆送修期间。

第三条 保险金额

本附加险保险金额 = 补偿天数 × 日补偿金额。补偿天数及日补偿金额由投保人与保险人协商确定并在保险合同中载明,保险期间内约定的补偿天数最高不超过 90 天。

第四条 赔偿处理

全车损失,按保险单载明的保险金额计算赔偿;部分损失,在保险金额内按约定的日补偿金额乘以从送修之日起至修复之日止的实际天数计算赔偿,实际天数超过双方约定修理天数的,以双方约定的修理天数为准。

保险期间内,累计赔款金额达到保险单载明的保险金额,本附加险保险责任终止。

附加发动机进水损坏除外特约条款

投保了机动车损失保险的机动车,可投保本附加险。

保险期间内,投保了本附加险的被保险机动车在使用过程中,因发动机进水后导致的发动机的直接损毁,保险人不负责赔偿。

附加车上货物责任险

投保了机动车第三者责任保险的营业货车(含挂车),可投保本附加险。

第一条 保险责任

保险期间内,发生意外事故致使被保险机动车所载货物遭受直接损毁,依法应由被保险人承担的损害赔偿责任,保险人负责赔偿。

第二条 责任免除

(一)偷盗、哄抢、自然损耗、本身缺陷、短少、死亡、腐烂、变质、串味、生锈、动物走失、飞失、货物自身起火燃烧或爆炸造成的货物损失;

(二)违法、违章载运造成的损失;

(三)因包装、紧固不善,装载、遮盖不当导致的任何损失;

(四)车上人员携带的私人物品的损失;

(五)保险事故导致的货物减值、运输延迟、营业损失及其他各种间接损失;

(六)法律、行政法规禁止运输的货物的损失。

第三条 责任限额

责任限额由投保人和保险人在投保时协商确定。

第四条 赔偿处理

(一)被保险人索赔时,应提供运单、起运地货物价格证明等相关单据。保险人在责任限额内按起运地价格计算赔偿;

(二)发生保险事故后,保险人依据本条款约定在保险责任范围内承担赔偿责任,赔偿方式由保险人与被保险人协商确定。

附加精神损害抚慰金责任险

投保了机动车第三者责任保险或机动车车上人员责任保险的机动车,可投保本附加险。

在投保人仅投保机动车第三者责任保险的基础上附加本附加险时,保险人只负责赔偿第三者的精神损害抚慰金;在投保人仅投保机动车车上人员责任保险的基础上附加本附加险时,保险人只负责赔偿车上人员的精神损害抚慰金。

第一条 保险责任

保险期间内,被保险人或其允许的驾驶人在使用被保险机动车的过程中,发生投保的主险约定的保险责任内的事故,造成第三者或车上人员的人身伤亡,受害人据此提出精神损害赔偿请求,保险人依据法院判决及保险合同约定,对应由被保险人或被保险机动车驾驶人支付的精神损害抚慰金,在扣除机动车交通事故责任强制保险应当支付的赔款后,在本保险赔偿限额内负责赔偿。

第二条 责任免除

(一)根据被保险人与他人的合同协议,应由他人承担的精神损害抚慰金;

(二)未发生交通事故,仅因第三者或本车人员的惊恐而引起的损害;

(三)怀孕妇女的流产发生在交通事故发生之日起30天以外的。

第三条 赔偿限额

本保险每次事故赔偿限额由保险人和投保人在投保时协商确定。

第四条 赔偿处理

本附加险赔偿金额依据生效法律文书或当事人达成且经保险人认可的赔付协议,在保险单所载明的赔偿限额内计算赔偿。

附加法定节假日限额翻倍险

投保了机动车第三者责任保险的家庭自用汽车,可投保本附加险。

保险期间内,被保险人或其允许的驾驶人在法定节假日期间使用被保险机动车发生机动车第三者责任保险范围内的事故,并经公安部门或保险人查勘确认的,被保险机动车第三者责任保险所适用的责任限额在保险单载明的基础上增加一倍。

附加医保外医疗费用责任险

投保了机动车第三者责任保险或机动车车上人员责任保险的机动车,可投保本附加险。

第一条 保险责任

保险期间内,被保险人或其允许的驾驶人在使用被保险机动车的过程中,发生主险保险事故,对于被保险人依照中华人民共和国法律(不含港澳台地区法律)应对第三者或车上人员承担的医疗费用,保险人对超出《道路交通事故受伤人员临床诊疗指南》和国家基本医疗保险同类医疗费用标准的部分负责赔偿。

第二条 责任免除

下列损失、费用,保险人不负责赔偿:

(一)在相同保障的其他保险项下可获得赔偿的部分;

(二)所诊治伤情与主险保险事故无关联的医疗、医药费用;

(三)特需医疗类费用。

第三条 赔偿限额

赔偿限额由投保人和保险人在投保时协商确定,并在保险单中载明。

第四条 赔偿处理

被保险人索赔时,应提供由具备医疗机构执业许可的医院或药品经营许可的药店出具的、足以证明各项费用赔偿金额的相关单据。保险人根据被保险人实际承担的责任,在保险单载明的责任限额内计算赔偿。

<h2 style="text-align:center">附加机动车增值服务特约条款</h2>

第一条 投保了机动车保险后，可投保本特约条款。

第二条 本特约条款包括道路救援服务特约条款、车辆安全检测特约条款、代为驾驶服务特约条款、代为送检服务特约条款共四个独立的特约条款，投保人可以选择投保全部特约条款，也可以选择投保其中部分特约条款。保险人依照保险合同的约定，按照承保特约条款分别提供增值服务。

第一章 道路救援服务特约条款

第三条 服务范围

保险期间内，被保险机动车在使用过程中发生故障而丧失行驶能力时，保险人或其受托人根据被保险人请求，向被保险人提供如下道路救援服务。

（一）单程50公里以内拖车；
（二）送油、送水、送防冻液、搭电；
（三）轮胎充气、更换轮胎；
（四）车辆脱离困境所需的拖拽、吊车。

第四条 责任免除

（一）根据所在地法律法规、行政管理部门的规定，无法开展相关服务项目的情形；
（二）送油、更换轮胎等服务过程中产生的油料、防冻液、配件、辅料等材料费用；
（三）被保险人或驾驶人的故意行为。

第五条 责任限额

保险期间内，保险人提供2次免费服务，超出2次的，由投保人和保险人在签订保险合同时协商确定，分为5次、10次、15次、20次四档。

第二章 车辆安全检测特约条款

第六条 服务范围

保险期间内，为保障车辆安全运行，保险人或其受托人根据被保险人请求，为被保险机动车提供车辆安全.检测服务，车辆安全检测项目包括：

（一）发动机检测（机油、空滤、燃油、冷却等）；
（二）变速器检测；
（三）转向系统检测（含车轮定位测试、轮胎动平衡测试）；
（四）底盘检测；
（五）轮胎检测；
（六）汽车玻璃检测；
（七）汽车电子系统检测（全车电控电器系统检测）；
（八）车内环境检测；
（九）蓄电池检测；
（十）车辆综合安全检测。

第七条 责任免除

(一)检测中发现的问题部件的更换、维修费用;

(二)洗车、打蜡等常规保养费用;

(三)车辆运输费用。

第八条 责任限额

保险期间内,本特约条款的检测项目及服务次数上限由投保人和保险人在签订保险合同时协商确定。

第三章 代为驾驶服务特约条款

第九条 服务范围

保险期间内,保险人或其受托人根据被保险人请求,在被保险人或其允许的驾驶人因饮酒、服用药物等原因无法驾驶或存在重大安全驾驶隐患时提供单程30公里以内的短途代驾服务。

第十条 责任免除

根据所在地法律法规、行政管理部门的要求,无法开展相关服务项目的情形。

第十一条 责任限额

保险期间内,本特约条款的服务次数上限由投保人和保险人在签订保险合同时协商确定。

第四章 代为送检服务特约条款

第十二条 服务范围

保险期间内,按照《中华人民共和国道路交通安全法实施条例》,被保险机动车需由机动车安全技术检验机构实施安全技术检验时,根据被保险人请求,由保险人或其受托人代替车辆所有人进行车辆送检。

第十三条 责任免除

(一)根据所在地法律法规、行政管理部门的要求,无法开展相关服务项目的情形;

(二)车辆检验费用及罚款;

(三)维修费用。

第四部分 释义

【使用被保险机动车过程】指被保险机动车作为一种工具被使用的整个过程,包括行驶、停放及作业,但不包括在营业场所被维修养护期间、被营业单位拖带或被吊装等施救期间。

【自然灾害】指对人类以及人类赖以生存的环境造成破坏性影响的自然现象,包括雷击、暴风、暴雨、洪水、龙卷风、冰雹、台风、热带风暴、地陷、崖崩、滑坡、泥石流、雪崩、冰陷、暴雪、冰凌、沙尘暴、地震及其次生灾害等。

【意外事故】指被保险人不可预料、无法控制的突发性事件,但不包括战争、军事冲突、恐怖活动、暴乱、污染(含放射性污染)、核反应、核辐射等。

【交通肇事逃逸】是指发生道路交通事故后,当事人为逃避法律责任,驾驶或者遗弃车辆逃离道路交通事故现场以及潜逃藏匿的行为。

【车轮单独损失】指未发生被保险机动车其他部位的损失,因自然灾害、意外事故,仅发生轮胎、轮毂、轮毂罩的分别单独损失,或上述三者之中任意二者的共同损失,或三者的共同损失。

【车身划痕】仅发生被保险机动车车身表面油漆的损坏,且无明显碰撞痕迹。

【新增加设备】指被保险机动车出厂时原有设备以外的,另外加装的设备和设施。

【新车购置价】指本保险合同签订地购置与被保险机动车同类型新车的价格,无同类型新车市场销售价格的,由投保人与保险人协商确定。

【全部损失】指被保险机动车发生事故后灭失,或者受到严重损坏完全失去原有形体、效用,或者不能再归被保险人所拥有的,为实际全损;或被保险机动车发生事故后,认为实际全损已经不可避免,或者为避免发生实际全损所需支付的费用超过实际价值的,为推定全损。

【家庭成员】指配偶、父母、子女和其他共同生活的近亲属。

【市场公允价值】指熟悉市场情况的买卖双方在公平交易的条件下和自愿的情况下所确定的价格,或无关联的双方在公平交易的条件下一项资产可以被买卖或者一项负债可以被清偿的成交价格。

【参考折旧系数表】

车辆种类	月折旧系数			
	家庭自用	非营业	出租	其他
9座以下客车	0.60%	0.60%	1.10%	0.90%
10座以上客车	0.90%	0.90%	1.10%	0.90%
微型载货汽车	/	0.90%	1.10%	1.10%
带拖挂的载货汽车	/	0.90%	1.10%	1.10%
低速货车和三轮汽车	/	1.10%	1.40%	1.40%
其他车辆	/	0.90%	1.10%	0.90%

折旧按月计算,不足一个月的部分,不计折旧。最高折旧金额不超过投保时被保险机动车新车购置价的80%。

折旧金额 = 新车购置价 × 被保险机动车已使用月数 × 月折旧系数

【饮酒】指驾驶人饮用含有酒精的饮料,驾驶机动车时血液中的酒精含量大于等于20 mg/100mL 的。

【法定节假日】法定节假日包括:中华人民共和国国务院规定的元旦、春节、清明节、劳动节、端午节、中秋节和国庆节放假调休日期,及星期六、星期日,具体以国务院公布的文件为准。

法定节假日不包括:1、因国务院安排调休形成的工作日;2、国务院规定的一次性全国假日;3、地方性假日。

【污染(含放射性污染)】指被保险机动车正常使用过程中或发生事故时,由于油料、尾气、货物或其他污染物的泄漏、飞溅、排放、散落等造成的被保险机动车和第三方财产的污损、状况恶化或人身伤亡。

【特需医疗类费用】指医院的特需医疗部门/中心/病房,包括但不限于特需医疗部、外宾医疗部、VIP部、国际医疗中心、联合医院、联合病房、干部病房、A级病房、家庭病房、套房等不属于社会基本医疗保险范畴的高等级病房产生的费用,以及名医门诊、指定专家团队门诊、特需门诊、国际门诊等产生的费用。